Berufe

Themenheft Gedächtnistraining mit Senior*innen

Sabine Kelkel

Ganzheitliches Übungsmaterial mit Kopiervorlagen

Verlag an der Ruhr

Impressum

Titel
Themenheft Gedächtnistraining mit Senior*innen
Berufe
Ganzheitliches Übungsmaterial mit Kopiervorlagen

Autorin
Sabine Kelkel

Umschlagmotive
Senior*innen © ankomando, Gedankenblase © Gooseman – stock.adobe.com
Icons in Gedankenblase © Igdeeva Alena – Shutterstock.com

Rahmenlayout-Elemente
Senior*innen © ankomando, Hinweis-Pfeile © Gooseman – alle stock.adobe.com, Hammer, Schrauben, Schraubendreher, Stethoskop, Spritze, Nähnadel, Sicherheitsnadel, Knopf © Igdeeva Alena – Shutterstock.com

Satz und Layout
Q. Gute Grafik, Köln

Druck
AZ Druck und Datentechnik GmbH, Kempten, DE

Verlag an der Ruhr
Mülheim an der Ruhr
www.verlagruhr.de

ISBN 978-3-8346-4761-0

Wichtiger Hinweis:
Die Inhalte im Heft sind von der Autorin mit großer Sorgfalt erarbeitet und ausgewählt worden, stellen jedoch keine therapeutischen oder medizinischen Maßnahmen dar. Nehmen Sie dennoch eine genaue Prüfung, entsprechend Ihrer Situation, vor und wägen verantwortungsvoll ab, welche Übungen Sie mit welchen Personen durchführen. Wenn Unsicherheiten oder bereits bestehende Erkrankungen/Allergien vorliegen, klären Sie die Anwendung mit der Pflegedienstleitung oder dem behandelnden Arzt bzw. der behandelnden Ärztin ab.
Die Autorin und der Verlag übernehmen weder für die Aktualität, Korrektheit und Vollständigkeit der bereitgestellten Inhalte eine Gewähr noch dafür, dass diese für Ihren individuellen Einzelfall geeignet und ausreichend sind. Alle Inhalte dienen ausschließlich der Information, ebenso wie deren Durchführung ausschließlich in eigener Verantwortung des Anwenders bzw. der Anwenderin erfolgt.

Inhalt

Vorwort

Im Zeichen des demografischen Wandels nimmt die geistige Aktivierung von Senior*innen[1] gerade in Alteneinrichtungen eine immer größer werdende Rolle ein.

Auch im Alter bleibt der Mensch noch lernfähig und wer mit geistigen Defiziten zu kämpfen hat, kann dem durch gezieltes Training – das belegen auch neueste Forschungsergebnisse – entgegenwirken. Ein ganzheitliches Gedächtnistraining, das möglichst viele Funktionen des Gehirns anspricht, hat eine positive Wirkung auf die geistige Aktivität: Neue Netzwerke und Verzweigungen werden gebildet und die Denkkapazität wird angekurbelt. Geistige Defizite bei älteren, gesunden Menschen, wie beispielsweise Wortfindungsschwierigkeiten, Merkschwäche oder mangelnde Konzentration, sind demnach häufig auf mangelndes Training zurückzuführen. Bei Menschen mit demenzieller Veränderung, die sich also krankheitsbedingt mit geistigen Defiziten konfrontiert sehen, gilt es, die noch vorhandenen Ressourcen zu stabilisieren und so lange wie möglich zu erhalten.

Der geistigen Aktivierung von Senior*innen in Alteneinrichtungen jedoch gerecht zu werden, stellt das Pflegepersonal, Betreuungskräfte und Ehrenamtliche vor eine große Herausforderung. Menschen mit Demenz sowie ungeübte Teilnehmer*innen, die erste Erfahrungen mit Gedächtnistraining machen, als auch geübte Teilnehmer*innen, die bereits regelmäßig ihr Gedächtnis trainieren, finden sich als Gruppe zusammen und sollen angesprochen werden. Sie sollen gefordert, aber nicht überfordert werden. Die Übungen sollen Merkfähigkeit und Konzentration trainieren – und gleichzeitig auch noch Spaß machen. Um der geistigen Aktivierung aller Teilnehmer*innen gerecht zu werden, spielt die Auswahl geeigneter Übungen eine wesentliche Rolle. Für den zusätzlichen Motivationsfaktor sorgt die richtige Themenauswahl: In diesem Heft finden Sie zu dem Thema „Berufe" drei unterschiedliche Themenstunden. Diese können Sie entweder jede einzeln für sich durchführen oder auch die Übungen miteinander nach eigenem Belieben kombinieren. Jedes Thema hat seinen ganz eigenen Zauber und mit jedem verbinden die Senior*innen persönliche Erlebnisse, Rituale und Stimmungen. Mit diesem Themenheft bieten Sie nicht nur ein ganzheitliches Gedächtnistraining an, sondern stellen darüber hinaus auch noch einen persönlichen Bezug für die Senior*innen her.

Die Übungen bzw. die Materialien, die Sie hier vorfinden, sollen Ihnen künftig die Gestaltung Ihrer ganzheitlichen Gedächtnistrainingsstunden erleichtern sowie Ihren Zeitaufwand für die Vorbereitung verkürzen. Selbstverständlich kann dieses Trainingsmaterial auch für den privaten Bereich genutzt werden. Angehörige können die Übungen in die tägliche Pflege einbinden, z. B. während des Ankleidens, oder „freie" Zeitfenster dafür nutzen, wie beispielsweise vor dem Kaffeetrinken.

[1] Der Verlag an der Ruhr legt großen Wert auf eine geschlechtergerechte und inklusive Sprache. Daher nutzen wir bevorzugt das Gendersternchen, um sowohl männliche und weibliche als auch nichtbinäre Geschlechtsidentitäten einzuschließen. Alternativ verwenden wir neutrale Formulierungen. An einzelnen Stellen in diesem Buch verzichten wir dennoch auf das Gendern. Dies ist eine Einzelfallentscheidung aus didaktischen Gründen und ist in keinem Fall ausschließend oder diskriminierend zu verstehen.

Aufbau des Trainingsmaterials

Jedes Stundenkonzept enthält Übungen und Anregungen für die geistige Aktivierung ...

*Teilnehmer*innen mit leichter/beginnender Demenz*

*ungeübte Teilnehmer*innen*

*geübte Teilnehmer*innen*

- von Menschen **mit leichter/beginnender Demenz,** methodisch variiert auch für Menschen mit mittlerer Demenz. Übungen für diese Zielgruppe sind **pink** gekennzeichnet.
- für **ungeübte Teilnehmer*innen** (TN), die nicht „trainiert" sind. Übungen für diese Zielgruppe sind **blau** gekennzeichnet.
- für **geübte TN,** die regelmäßig Gedächtnistraining machen. Übungen für diese Zielgruppe sind **grün** gekennzeichnet.

Sie finden in diesem Trainingsheft drei passende Themenstunden, die Sie und Ihre TN durch das Thema „Berufe" begleiten.

Zu Beginn eines jeden Themas finden Sie einen **Ablaufplan.** Er gibt Ihnen zunächst einmal eine Übersicht über die **Übungstypen sowie die damit verbundenen Trainingsziele** (im Ablaufplan „Übungstyp – trainiert besonders").

Die Zusammensetzung unterschiedlicher Übungen mit jeweils anderen Trainingszielen bietet Ihnen und den TN nicht nur eine **abwechslungsreiche Stundengestaltung,** es werden auch innerhalb einer Stunde möglichst viele Funktionen des Gehirns angesprochen.

Zu jedem **Übungstyp** und den damit verbundenen Trainingszielen ist eine entsprechende Übung aufgeführt, die sowohl für demenziell veränderte Menschen, für ungeübte als auch geübte TN geeignet ist.

Damit Sie sofort und schnell erkennen, wie die jeweilige Übung einzusetzen ist, erhalten Sie eine genaue Beschreibung zur Durchführung und welche Trainingsziele damit erreicht werden. Zu einigen Übungen gibt es zusätzliche Hinweise oder Vorgaben mit möglichen **Varianten** oder **Gesprächseinheiten.**

Die **Gesprächseinheiten** verfolgen das Ziel, die TN zum Formulieren von Sätzen anzuregen, die Kommunikation untereinander zu fördern und biografisches Arbeiten mit Gedächtnistraining zu verbinden. Da die Gesprächsimpulse zum Nachdenken anregen, bieten sie ein gutes Training für das Langzeitgedächtnis.

Kopiervorlage

An die Beschreibung der Übung schließt sich direkt das **dazugehörende Arbeitsblatt** (→ Kopiervorlage) für die TN sowie ggf. das **Lösungsblatt** an.

Die Übungen sind unterschiedlich schwer. Innerhalb einer Stunde sollen sich schwere und leichte Aufgaben abwechseln. Damit Sie die Übungen sofort zuordnen können, ist sowohl auf dem Ablaufplan als auch bei den Übungen selbst farblich gekennzeichnet, für welche Zielgruppe sich diese jeweils eignen.

Aufbau des Trainingsmaterials

Bitte berücksichtigen Sie jedoch, dass Sie die Übungen evtl. nach eigenen Kriterien für Ihre Gruppe anpassen müssen! Eigene Ideen können selbstverständlich immer mit eingebaut werden.

Bei Menschen mit Demenz empfiehlt es sich, die Übungen an einem **Flipchart** oder einer **Tafel** durchzuführen. Zum einen wird für sie so sichtbar, was sie noch alles wissen, zum anderen stärkt es das Gruppengefühl.

Erfahrungsgemäß wollen geübte TN gefordert werden und selbstständig Lösungen finden. Auch ungeübte TN sollen gefordert, jedoch nicht überfordert werden. Durch das Arbeiten mit einer entsprechenden Kopiervorlage wird dies ermöglicht.

Übungen, wie z. B. **Spiele, Wort- oder Bildkarten,** können zum Schutz laminiert und somit immer wieder eingesetzt werden. Dies erfordert zwar zusätzlichen Zeitaufwand von Ihnen, der jedoch hoffentlich durch die weiterführenden Übungsvorschläge gern in Kauf genommen wird.

Auf eine **Zeitvorgabe** für die einzelnen Übungen wurde bewusst verzichtet, da jede Gruppe unterschiedlich arbeitet und verschiedene Vorlieben hat.

Gelingt es Ihnen, Ihre TN zu einem aktiven Gespräch zu führen, sollte die Gesprächseinheit immer Vorrang haben.

Passend zu jeder Themenstunde, können Sie entsprechendes **Dekorationsmaterial** mitbringen und mit dessen Hilfe das Thema erraten lassen.

Rahmenbedingungen für ein erfolgreiches Gedächtnistraining

Insbesondere bei der Arbeit mit **demenziell veränderten Menschen** sollten Sie folgende Aspekte unbedingt berücksichtigen:

- Versuchen Sie, das Training möglichst alltagsnah auf die Gruppe zuzuschneiden.
- Je spielerischer Sie trainieren, desto eher können Sie einen Erfolg verzeichnen.
- Achten Sie auf gleiche Rituale. Sie bieten Menschen mit Demenz ein Stück Sicherheit und Geborgenheit.
- Arbeiten Sie möglichst oft mit realen Gegenständen. Je weiter die Demenz fortgeschritten ist, desto konkreter muss das Übungsmaterial werden, da die Fähigkeit zum abstrakten Denken abnimmt.
- Beziehen Sie möglichst alle Sinne mit ein.
- Achten Sie auf eine große Schrift.
- Bauen Sie so oft wie möglich motorische Elemente ein.
- Nutzen Sie den Einsatz von Musik.
- Ermöglichen Sie Erfolgserlebnisse.
- Korrigieren Sie nicht die Antworten der TN. **Alle Antworten sind richtig!**

Aufbau des Trainingsmaterials

- Wenn ein Thema verfehlt wird, hat dies meist mit Wortfindungsstörungen der TN zu tun. Formulieren Sie noch einmal die Kernaussage positiv. „Legen Sie die Lösung in den Mund"!

Geistige Aktivierung bei demenziell veränderten Menschen bedeutet:

- Aktivierung des Langzeitgedächtnisses und Konzentrationstraining
- Sinneswahrnehmungen optimieren
- biografische Elemente einbeziehen
- soziale Kontakte fördern
- Kompetenzen stärken und Ressourcen mobilisieren
- das Selbstwertgefühl steigern („Das kann ich noch")
- Alltagsfertigkeiten trainieren sowie Orientierungshilfen geben

Je mehr Vertrauen der Gruppenleitung (GL) entgegengebracht wird, desto mehr kann man gemeinsam erreichen. Die geistige Aktivierung soll allen TN Spaß machen und sollte grundsätzlich freiwillig sein!
Die Übungen müssen der jeweiligen Zielgruppe und deren Leistungsfähigkeit sowie deren Tagesform angepasst werden!

Die verschiedenen Übungstypen

Im ganzheitlichen Gedächtnistraining werden alle Hirnleistungen trainiert. Dazu zählen folgende Bereiche:

Wahrnehmen

Die Wahrnehmung bezieht all unsere Sinne mit ein. Bei diesen Übungen geht es darum, etwas bewusst mit einem, mehreren oder allen Sinnen aufzunehmen.

Wortfindung/Wortschatz

Die Übungen dienen dazu, Wörter aus unserem Wortspeicher abzurufen und sich den eigenen Wortschatz bewusst zu machen.

Formulieren

Die TN werden dazu angehalten, einen Gedanken oder Sachverhalt durch eine bewusst gewählte Zusammenstellung von Wörtern in sprachlich richtiger Form auszudrücken.

Konzentration

Übungen für die Konzentration sollen die Fähigkeit entwickeln, die ungeteilte Aufmerksamkeit für einen bestimmten Zeitraum auf eine Sache zu lenken.
Konzentration setzt Aufmerksamkeit voraus. Wer nicht aufmerksam ist, kann sich nicht konzentrieren. Die Konzentration ist von Mensch zu Mensch verschieden und u. a. abhängig von Interesse, Motivation, der körperlichen sowie geistigen Gesundheit und der jeweiligen Tagesform. Lässt unsere Konzentration nach, verlieren wir den Faden und müssen von vorn beginnen.

Aufbau des Trainingsmaterials

Assoziatives Denken	Gedankenverbindungen zu vorgegebenen Begriffen oder Themen werden hergestellt, neue Informationen mit bereits gespeicherten verknüpft.
Bewegung	Die Bewegungsübungen dienen dazu, die Gehirndurchblutung zu fördern sowie die Aufmerksamkeit zu wecken. Sie sind meist gekoppelt mit weiteren Trainingszielen, wie Koordination oder flexiblem Denken.
	Und soweit es noch möglich ist:
Flexibles Denken	Denkflexibilität bezieht sich auf die geistige Beweglichkeit bzw. die Fähigkeit, schnell auf wechselnde Situationen zu reagieren. Eingefahrene Denkmuster sollen verlassen werden, um neue Möglichkeiten zu erproben. Geistige Beweglichkeit bewirkt Flexibilität im Denken und Handeln.
Merken und Erinnern	Übungen für die Merkfähigkeit dienen dazu, Informationen und Wahrnehmungen kurz- und langfristig zu speichern und wieder abzurufen, zu erinnern. Unsere Merkfähigkeit gehört zu den kognitiven Fähigkeiten und ist u. a. von Stimmung, Interesse und Konzentration abhängig. Ein gezieltes Training des Arbeitsgedächtnisses (Kurzzeitgedächtnis) bewirkt, dass wir mehr Informationen aufnehmen, abspeichern und wieder abrufen können.
Nachdenken/Überlegen	Je nach Übungstyp werden unterschiedliche Trainingsziele verfolgt, z. B. assoziatives und logisches Denken, Wortfindung, Urteilsfähigkeit, Denkflexibilität, Langzeitgedächtnis.
Fantasie/Kreativität	Übungen für Fantasie und Kreativität regen dazu an, gewohnte Denkbahnen zu verlassen, um neue Ideen zu entwickeln oder neue Lösungen mit kreativen/schöpferischen Einfällen zu finden. Dabei wird das bildhafte Vorstellungsvermögen genutzt und trainiert.
Urteilsfähigkeit	Die TN werden dazu angehalten, sich eine eigene Meinung über Sachverhalte, Ereignisse etc. zu bilden. Nach Abwägen aller bekannten Fakten wird eine Entscheidung getroffen. Dabei sollen und dürfen bei Gruppenarbeiten zu diesem Trainingsziel durchaus unterschiedliche Meinungen bzw. der eigene Standpunkt vertreten werden.

Benutzte Abkürzungen

Teilnehmer*in(nen)	**TN**	Kopiervorlage für GL	**KV**	assoziatives Denken	**Assoziieren**
Gruppenleitung	**GL**	Wortfindung/Wortschatz	**WF**	Langzeitgedächtnis	**LZG**
Arbeitsblatt für TN	**AB**	flexibles Denken	**FD**	Kurzzeitgedächtnis	**KZG**
		Urteilsfähigkeit	**UF**		

Themenstunde „Handwerk"

- Wortfindung/Wortschatz • assoziatives Denken
- Konzentration • Wahrnehmen • Urteilsfähigkeit
- Formulieren • Langzeitgedächtnis

Übungstyp trainiert besonders	**Übungen**	**Medien**	**Zielgruppen**
Einstieg in die Stunde WF, Assoziieren, LZG	**Sprichwörter überlegen**	**Flipchart oder Tafel**	
Wortfindung/Wortschatz WF, Assoziieren	**Füllwörter gesucht**	**Flipchart oder Tafel AB**	
Nachdenken/Überlegen UF, Assoziieren, Formulieren, LZG	**Worin besteht der Unterschied?**	**keine**	
Bewegung Wahrnehmung, Konzentrieren	**Bewegungsspiel: „Olala"**	**keine**	
Wahrnehmen Konzentration Wahrnehmung, Konzentrieren, UF	**Suchaufgabe**	**AB**	
Wortfindung/Wortschatz WF, LZG	**Rätselhafte Berufe**	**keine**	
Wahrnehmen Konzentration Wahrnehmung, Konzentrieren	**Fehlersuchbild**	**AB**	
Assoziatives Denken WF, Assoziieren, LZG	**Drei Begriffe – ein Beruf**	**keine**	
Abschluss der Stunde	**Vorlesen: Handwerkswitze**	**KV**	

Übung: Sprichwörter überlegen

trainiert besonders

- Wortfindung
- assoziatives Denken
- Langzeitgedächtnis

Durchführung

Die TN überlegen, welche Sprichwörter und Redewendungen es zum Thema „Handwerk“ gibt. Die Antworten werden an einem **Flipchart** oder einer **Tafel** mitgeschrieben. Anschließend können die TN gemeinsam überlegen, welche Bedeutung die Sprichwörter und Redewendungen haben.

Beispiele

1. **jemanden in die Zange nehmen**
   jemanden unter Druck setzen bzw. hart anpacken (Die Redewendung bezieht sich ursprünglich auf den Schmied, der das heiße Eisen mit der Zange festhält.)

2. **jemandem das Handwerk legen**
   kriminelle Taten bzw. schlechtes Handeln beenden

3. **jemandem ins Handwerk pfuschen**
   sich ohne Erlaubnis in eine Arbeit einmischen oder einschalten; eine Arbeit machen, obwohl man über keine Kompetenz verfügt

4. **sein Handwerk verstehen**
   eine Arbeit gut können, über Kompetenz verfügen, in seinem Beruf tüchtig sein

5. **Klappern gehört zum Handwerk.**
   Werbung für das eigene Geschäft machen, die eigenen Vorzüge öffentlich bekannt machen bzw. präsentieren, sich selbst darstellen

6. **Handwerk hat goldenen Boden.**
   Ein erlerntes Handwerk bringt gute berufliche Aussichten sowie eine gute berufliche Zukunft mit sich, in der sich entsprechend viel Geld verdienen lässt.

7. **Sitzt, passt, wackelt und hat Luft!**
   Ein Ausspruch aus dem Handwerk, wenn die eigene Arbeit nicht gerade ordentlich und professionell ausgeführt wurde, aber für herkömmliche Ansprüche ausreicht.

8. **pünktlich wie die Maurer**
   mehr als pünktlich bzw. sehr pünktlich sein

Übung: Sprichwörter überlegen

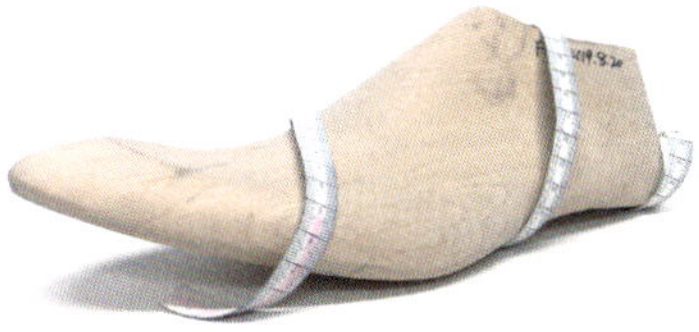

9. **jemandem zeigen, wo der Maurer/Zimmermann das Loch gelassen hat**
   jemanden aus dem Haus verweisen bzw. rauswerfen

10. **Die Axt im Haus erspart den Zimmermann.**
    Eine mit einem passenden Werkzeug selbst durchgeführte Reparatur im Haus erspart die anfallenden und oft teuren Reparaturkosten.

11. **Schuster, bleib bei deinen Leisten.**
    Beschränke dich auf das, was du gut kannst, auf das, was du gelernt hast und in dem du kompetent bist.

12. **Die Schuster haben/tragen die schlechtesten Schuhe.**
    Produkte oder Dienstleistungen für den eigenen Bedarf sind oft schlechter als die für die Kundschaft.

13. **Übung macht den Meister.**
    Um gut zu sein oder etwas perfekt zu beherrschen, bedarf es viel Übung und Mühe.

14. **Es ist noch kein Meister vom Himmel gefallen.**
    Bis man etwas richtig gelernt hat, bedarf es seiner Zeit.

Varianten

1. Die GL liest die Bedeutungen der Sprichwörter vor, die TN versuchen, das Sprichwort anhand der vorgelesenen Beschreibung herauszufinden.

2. Die GL bereitet Kärtchen vor, auf denen die Sprichwörter stehen, und verteilt diese an die TN. Anschließend liest sie die Bedeutungen der Sprichwörter vor. Der*die TN, der*die glaubt, das richtige Sprichwort zu haben, meldet sich und liest es der Gruppe vor.

3. Die GL gibt ein oder zwei Wörter eines Sprichwortes vor, die TN nennen das ganze Sprichwort.

   Beispiele
   goldenen → Handwerk hat **goldenen** Boden.
   pfuschen → jemandem ins Handwerk **pfuschen**
   Haus erspart → Die Axt im **Haus erspart** den Zimmermann.
   kein Meister → Es ist noch **kein Meister** vom Himmel gefallen.

Übung: Füllwörter gesucht

trainiert besonders

- Wortfindung
- assoziatives Denken

Durchführung

Jede*r TN erhält je nach Leistungsfähigkeit ein **Arbeitsblatt** → Kopiervorlage oder ein **Arbeitsblatt** → Kopiervorlage, das nach vorgegebener Anleitung zu bearbeiten ist. Die Übung kann als Einzel- oder Partnerarbeit durchgeführt werden. Aufgabe der TN ist es, ein Wort zu suchen, das zu beiden Wörtern passt, sodass sich beim Lesen zwei sinnvoll zusammengesetzte Substantive (Hauptwörter) ergeben. Alternativ kann die Übung auch an einem **Flipchart** oder einer **Tafel** durchgeführt werden.

Hinweis
Erfahrungsgemäß gibt es bei dieser Übung unterschiedliche Lösungen, sodass die Antworten der TN von den angegebenen Lösungen abweichen können.

Variante

Die Übung wird statt mit dem Arbeitsblatt mündlich durchgeführt. Hierzu werden Wortkarten oder Papierstreifen, wie z. B. „Schreiner ___________ Tür" benötigt.
Die TN lesen reihum ihre Begriffe vor. Aufgabe der Gruppe ist es, das passende Füllwort mündlich zu nennen. Bezogen auf das Beispiel, wäre die Antwort **„Werkstatt".**

Anschluss: Gesprächsrunde

Die GL schließt die Übung mit einer kleinen Erzählrunde ab. Sie regt mit Fragen zum Gespräch an, wie z. B.:

- Welches besondere Erlebnis aus Ihrer Lehrzeit ist Ihnen in Erinnerung geblieben?
- Würden Sie sich heute wieder für den gleichen Beruf entscheiden?
- Gab es viele Herausforderungen, denen Sie sich stellen mussten?
- Wie haben Sie diese Herausforderungen gemeistert?
- Glauben Sie, dass der Handwerksberuf auch heutzutage noch „goldenen Boden" hat?
- Konnten Sie bis zu Ihrem Ruhestand in derselben Firma arbeiten?
- Welche Veränderungen sind mit der zunehmenden Technisierung vorangeschritten?

Füllwörter gesucht

Hier fehlen die Selbstlaute (a – e – i – o – u) und die Umlaute (ä – ö – ü). Fügen Sie diese jeweils bei dem mittleren Wort ein, sodass sich zwei neue, sinnvoll zusammengesetzte Substantive (Hauptwörter) ergeben.

1.	Bäcker	L e hrl ___ ng(s)	Gehalt
2.	Friseur	S ___ l ___ n	Löwe
3.	Fleischer	M ___ ss ___ r	Block
4.	Glaser	H ___ mm ___ r	Zeh
5.	Schreiner	W ___ rkst ___ tt	Tür
6.	Maurer	W ___ nk ___ l	Advokat
7.	Dachdecker	Arb ___ ___ t(s)	Amt
8.	Schornsteinfeger	L ___ ___ t ___ r	Wagen
9.	Klempner	Z ___ ng ___ (n)	Geburt
10.	Maler	F ___ rb ___ n	Lehre
11.	Schneider	Sch ___ r ___ (n)	Schnitt
12.	Konditor	T ___ rt ___ n	Heber
13.	Schuhmacher	L ___ ___ st ___ n	Bruch
14.	Uhrmacher	G ___ sch ___ ft(s)	Schluss
15.	Schlosser	H ___ ndw ___ rk(s)	Kammer

Füllwörter gesucht

Fügen Sie die gesuchten Füllwörter zwischen zwei Substantiven jeweils so ein, dass sich zwei neue, sinnvoll zusammengesetzte Substantive (Hauptwörter) ergeben. Wenn es sprachlich erforderlich ist, können Buchstaben hinzugefügt oder weggelassen werden.

1.	Bäcker	Lehrling(s)	Gehalt
2.	Friseur	______	Löwe
3.	Fleischer	______	Block
4.	Glaser	______	Zeh
5.	Schreiner	______	Tür
6.	Maurer	______	Advokat
7.	Dachdecker	______	Amt
8.	Schornsteinfeger	______	Wagen
9.	Klempner	______	Geburt
10.	Maler	______	Lehre
11.	Schneider	______	Schnitt
12.	Konditor	______	Heber
13.	Schuhmacher	______	Bruch
14.	Uhrmacher	______	Schluss
15.	Schlosser	______	Kammer

Füllwörter gesucht

Fügen Sie die gesuchten Füllwörter zwischen zwei Substantiven jeweils so ein, dass sich zwei neue, sinnvoll zusammengesetzte Substantive (Hauptwörter) ergeben. Wenn es sprachlich erforderlich ist, können Buchstaben hinzugefügt oder weggelassen werden.

1.	Bäcker	Lehrling(s)	Gehalt
2.	Friseur	Salon	Löwe
3.	Fleischer	Messer	Block
4.	Glaser	Hammer	Zeh
5.	Schreiner	Werkstatt	Tür
6.	Maurer	Winkel	Advokat
7.	Dachdecker	Arbeit(s)	Amt
8.	Schornsteinfeger	Leiter	Wagen
9.	Klempner	Zange(n)	Geburt
10.	Maler	Farben	Lehre
11.	Schneider	Schere(n)	Schnitt
12.	Konditor	Torten	Heber
13.	Schuhmacher	Leisten	Bruch
14.	Uhrmacher	Geschäft(s)	Schluss
15.	Schlosser	Handwerk(s)	Kammer

Übung: Worin besteht der Unterschied?

- Urteilsfähigkeit
- assoziatives Denken
- Formulieren
- Langzeitgedächtnis

Durchführung

Bei dieser mündlichen Übung sollen die TN die wesentlichen Unterschiede zwischen zwei Begriffen benennen.

Begriffe	Wesentliche Unterschiede	Weitere Informationen
Bäcker und Konditor	Herstellung der Produkte 	**Bäcker** stellen ausschließlich Brotwaren her. Allerdings gibt es auch viele Bäckereien, die Produkte produzieren, die in den Bereich eines Konditors fallen. **Hinweis:** Wussten Sie, dass der heilige Nikolaus von Myra der Schutzpatron der Bäcker ist? Ein **Konditor,** auch als Zuckerbäcker bezeichnet, ist darauf spezialisiert, süße Waren herzustellen, wie z. B. Torten.
Zimmermann und Dachdecker	Art der Arbeiten	Ein **Zimmermann** ist dafür verantwortlich, ein Dach zu konstruieren. Hierzu gehört die Planung und der anschließende Bau. Auch die Konstruktion von Veranden oder generellen Bauten aus Holz fallen in seinen Aufgabenbereich. Der **Dachdecker** ist anschließend für die eigentliche Bedachung mit unterschiedlichen Materialien, wie z. B. Ziegeln oder Schiefer, zuständig. Ebenso kann er für die Dachdämmung oder den Einbau von Dachfenstern und Solaranlagen zuständig sein.
Schreiner und Tischler	kein Unterschied 	**Schreiner** und **Tischler** bezeichnen den gleichen Beruf. Welche der beiden Berufsbezeichnungen verwendet wird, ist abhängig von der jeweiligen Sprachregion. Der Begriff „Schreiner" wird vor allem im Süden Deutschlands, aber z. B. auch im Ruhrgebiet verwendet. Vom „Tischler" spricht man dagegen in Nord-, West- und Ostdeutschland.

Übung: Worin besteht der Unterschied?

Begriffe	Wesentliche Unterschiede	Weitere Informationen
Friseur und Coiffeur	kein Unterschied	Der Name **„Friseur“** leitet sich von dem französischen Wort „friser“ ab und bedeutet „kräuseln“. Die Bezeichnung **„Coiffeur“** stammt aus der Schweiz. Früher verband sich der Begriff „Coiffeur“ in Deutschland mit einem besonderen Anspruch, den Friseure erfüllen mussten. Nur bestimmte Friseure durften sich daher als „Coiffeur“ bezeichnen. Heute werden die beiden Begriffe „Coiffeur“ und „Friseur“ gleichbedeutend verwendet. Ebenso wird die moderne Bezeichnung „Stylist“ immer gebräuchlicher.

Variante

Die TN sollen die Bedeutung der nachfolgenden Begriffe erklären:

1. **Winkeladvokat**
   Heute wird der Begriff „Winkeladvokat“ als Schimpfwort angesehen, wogegen er früher eine amtliche Berufsbezeichnung war.
   Er beschreibt eine Person mit geringem juristischen Wissen und mangelnder Qualifikation im Bereich der Rechtsberatung.
   Ein Winkeladvokat musste seiner Tätigkeit versteckt, sozusagen im „Winkel“ nachgehen.
   Als Winkeladvokat wird heutzutage abwertend ein Rechtsanwalt bezeichnet, dem es an juristischem Wissen fehlt oder der auf fragwürdige Methoden zurückgreift.

2. **Salonlöwe**
   Als Salonlöwe wird ein eleganter, höflicher, also „salonfähiger“ Mann bezeichnet, den jedoch eine oberflächliche Art ausmacht und der gern im Mittelpunkt steht – besonders auch bei Frauen.

3. **Scherenschnitt**
   Als Scherenschnitt bezeichnet man ein kunsthandwerkliches Verfahren. Es ist auch gleichzeitig die Bezeichnung für dessen Ergebnis. Weitere Bezeichnungen sind Schattenriss oder Schwarzbild.

Übung: Bewegungsspiel: „Olala“

trainiert besonders

- Wahrnehmung
- Konzentrieren

Durchführung

Bei dieser Übung wird reihum das Abc durchgezählt. Immer dann, wenn ein Buchstabe eines vorgegebenen Wortes aus dem Bereich „Handwerk“ vorkommt, darf der*die TN nicht den Buchstaben nennen, sondern muss stattdessen „Olala“ sagen und gleichzeitig in die Hände klatschen.

Beispiel

Die GL wählt ein Wort, z. B. Tischler.

- TN 1 sagt „A“.
- TN 2 sagt „B“.
- TN 3 sagt – statt „C“ – „Olala“ und klatscht in die Hände.
- TN 4 sagt „D“.
- TN 5 sagt – statt „E“ – „Olala“ und klatscht in die Hände usw.

Hinweis

Es empfiehlt sich, zuerst mit kleineren Wörtern zu beginnen, bis das System der Übung verinnerlicht wurde. Dann können – je nach Leistungsfähigkeit der TN – größere Wörter gewählt werden.
Zudem kann die GL das Alphabet an ein **Flipchart** oder eine **Tafel** schreiben, um das Prinzip der Übung zu verdeutlichen. Immer dann, wenn ein Buchstabe des vorgegebenen Wortes genannt wird, streicht die GL diesen Buchstaben am Flipchart oder der Tafel durch.

Die Übung erfordert von den TN eine sehr hohe Konzentration. Am besten zählt jeder TN für sich das Alphabet leise mit.
Das Spiel ist beendet, wenn alle Buchstaben des vorgegebenen Wortes genannt wurden.

Variante

Die TN klatschen bei Buchstaben mit einer Rundung (also B – C – D – G – J – O – P – Q – R – S – U) in die Hände.

Bei Buchstaben ohne Rundung (also A – E – F – H – I – K – L – M – N – T – V – W – X – Y – Z) stampfen die TN mit den Füßen auf den Boden oder stehen je nach Beweglichkeit von ihrem Platz kurz auf und setzen sich wieder hin.

Übung: Suchaufgabe

trainiert besonders

- Wahrnehmung
- Konzentrieren
- Urteilsfähigkeit

Durchführung

Jede*r TN erhält ein **Arbeitsblatt** → Kopiervorlage, das nach vorgegebener Anleitung zu bearbeiten ist.
Die TN sollen herausfinden, welcher Gegenstand nur einmal vorkommt bzw. keinen Doppelgänger hat.

Durchführung

Jede*r TN erhält ein **Arbeitsblatt** → Kopiervorlage, das nach vorgegebener Anleitung zu bearbeiten ist.
Die TN sollen sich im Kopfrechnen üben. Jedem Bild ist anhand seiner Anfangsbuchstaben eine Zahl zugeordnet. Die TN zählen alle Bilder zusammen und finden heraus, wie die Gesamtsumme lautet.

Anschluss: Wussten Sie, dass ...

- ... es seit 2011 einen **„Tag des Handwerks"** gibt, der am dritten Samstag im September begangen wird?
Jedes Jahr findet der „Tag des Handwerks" unter einem bestimmten Thema und mit unterschiedlichen Aktionen statt. Ziel dieses Tages ist es, durch regionale Zielsetzungen eine stärkere öffentliche Aufmerksamkeit zu schaffen, um so das Handwerk zu würdigen.
- ... der Begriff **„Wanderjahre"** früher die Wanderschaft von Handwerksgesellen nach Beendigung ihrer Lehre bezeichnete?
Diese war sogar eine Voraussetzung für die Meisterprüfung. Die Gesellen sollten Lebens- und Arbeitserfahrung an verschiedenen Orten sammeln.

Suchaufgabe: Fehlender Doppelgänger

**Die abgebildeten Gegenstände kommen immer paarweise vor.
Welchem Gegenstand fehlt sein Doppelgänger?**

Lösung: ______________________________

Suchaufgabe: Fehlender Doppelgänger

**Die abgebildeten Gegenstände kommen immer paarweise vor.
Welchem Gegenstand fehlt sein Doppelgänger?**

Lösung: Der Zirkel hat keinen Doppelgänger.

Suchaufgabe: Werkzeugrechnen

Werkzeuge mit den Anfangsbuchstaben „H" und „S" zählen 5 Punkte und werden addiert, Werkzeuge mit den Anfangsbuchstaben „M" und „N" zählen 8 Punkte und werden subtrahiert.

Wie lautet die Gesamtsumme?

Lösung: ____________

Suchaufgabe: Werkzeugrechnen

Werkzeuge mit den Anfangsbuchstaben „H" und „S" zählen 5 Punkte und werden addiert, Werkzeuge mit den Anfangsbuchstaben „M" und „N" zählen 8 Punkte und werden subtrahiert.

Wie lautet die Gesamtsumme?

4-mal Hammer	= 20	2-mal Malerrolle	= 16
6-mal Schraubenschlüssel	= 30	8-mal Nägel	= 64
5-mal Säge	= 25		= 80
2-mal Schraubenzieher	= 10		
4-mal Schere	= 20		
	= 105		

Lösung: 105 – 80 = 25

Übung: Rätselhafte Berufe

- Wortfindung
- Langzeitgedächtnis

Durchführung

Die GL liest den TN die nachfolgenden Umschreibungen vor. Aufgabe der TN ist es, für die Umschreibungen sinngleiche Wörter zu suchen. Diese ergeben zusammengesetzt das gesuchte Lösungswort bzw. den gesuchten Beruf.

1. eine Gruppe chemischer Elemente + eine Schachspielfigur → **Metallbauer**
2. ein Trinkgefäß + ein bestimmter Orchestermusiker → **Glasbläser**
3. ein literarisches Werk + Dispersionsfarbe → **Buchbinder**
4. ein Teil vom Schmuckstück + ein spezielles Werkzeug → **Edelsteinschleifer**
5. ein Fortbewegungsmittel + jemand der im Montagebereich tätig ist → **Fahrradmonteur**
6. ein Bild + eine adlige Person → **Fotograf**
7. ein Abzugsloch + ein Kehrbesen → **Schornsteinfeger**
8. ein Felstrümmer + eine französische Stadt → **Steinmetz**
9. ein Schauplatz (Mehrzahl) + ein Anstreicher → **Bühnenmaler**
10. ein Zimmer + ein Dienstleister → **Raumausstatter**
11. ein Wasserreservoir/eine Quelle + ein Landwirt → **Brunnenbauer**
12. ein Mieder + ein Antreiber → **Korsettmacher**

Varianten

1. Die GL schreibt die Berufe auf Zettel und verteilt diese an die TN. Reihum beschreibt jede*r TN den jeweiligen Beruf. Aufgabe der Gruppe ist es, herauszufinden, um welchen Beruf es sich handelt.

2. Die TN überlegen sich einen Beruf und machen eine entsprechende Handbewegung vor. Die Gruppe versucht, anhand dieser Bewegung den Beruf herauszufinden.

3. Die TN stellen ihren gewählten Beruf pantomimisch dar.
Die Gruppe versucht, herauszufinden, um welchen Beruf es sich dabei handelt.

Übung: Fehlersuchbild

trainiert besonders

- Wahrnehmung
- Konzentrieren

Durchführung

Jede*r TN erhält ein **Arbeitsblatt** → Kopiervorlage, das nach vorgegebener Anleitung zu bearbeiten ist. Aufgabe der TN ist es, zehn Fehler bzw. Unterschiede auf dem zweiten Bild zu finden. Die Übung kann als Einzel- oder Partnerarbeit durchgeführt werden. Im Anschluss löst die GL die Fehlersuche im Plenum auf.

Variante

Jede*r TN bekommt nur das Originalbild. Die GL stellt Fragen zu der Zeichnung, die TN geben die entsprechende Antwort.

Beispiele für mögliche Fragen

- Welche Farbe hat der Handschuh? **(blau)**
- Wie viele Sägen hängen an der Wandtafel? **(zwei)**
- Was steht oben auf dem Regal, das sich auf der linken Seite befindet? **(Gefäß mit drei Pinseln)**
- Was befindet sich in dem rosafarbenen Hängeregal? **(Sägeblätter)**
- Sind die Türen der beiden blauen Hängeschränke geöffnet oder zu? **(Nur die rechte Tür des rechten Schranks ist geöffnet.)**

Lösung

Fehlersuchbild

Finden Sie heraus, welche zehn Fehler sich im unteren Bild eingeschlichen haben.

Original

Fälschung

Übung: Drei Begriffe – ein Beruf

- Wortfindung
- assoziatives Denken
- Langzeitgedächtnis

Durchführung

Die GL liest den TN drei Begriffe vor. Aufgabe der TN ist es, die Begriffe mit einem passenden Beruf zu assoziieren und diesen zu benennen.

Beispiele

1. Umhang ◆ Wasser ◆ Schere → **Friseurin**
2. Holz ◆ Hobel ◆ Säge → **Schreiner**
3. Pinsel ◆ Abdeckfolie ◆ Farbe → **Maler**
4. Kelle ◆ Mörtel ◆ Steine → **Maurer**
5. Stoff ◆ Maßband ◆ Nadelkissen → **Schneiderin**
6. Mehl ◆ Wasser ◆ Hefe → **Bäcker**
7. Maulschlüssel ◆ Schneidbrenner ◆ Feile → **Schlosser**
8. Spannungsprüfer ◆ Kabel ◆ Lüsterklemmen → **Elektriker**
9. Hammer ◆ Meißel ◆ Schrifteisen → **Steinmetz**
10. Schieferhammer ◆ Falzzange ◆ Dämmstoffmesser → **Dachdecker**
11. Wasserwaage ◆ Zahnspachtel ◆ Richtschnur → **Fliesenleger**
12. Ahle ◆ Pfriem ◆ Leisten → **Schuhmacher**
13. Langbrenner ◆ Strukturzangen ◆ Blasschlauch → **Glasbläser**
14. Schultereisen ◆ Haspel ◆ Stoßbesen → **Schornsteinfeger**
15. Lupe ◆ Ringstock ◆ Schieblehre → **Uhrmacher**
16. Fondant ◆ Garniertülle ◆ Modellierrädchen → **Konditor**
17. Falzbein ◆ Heftnadeln ◆ Papierzähler → **Buchbinder**
18. Laufleuchten ◆ Bleientferner ◆ Kornversteller → **Büchsenmacher**

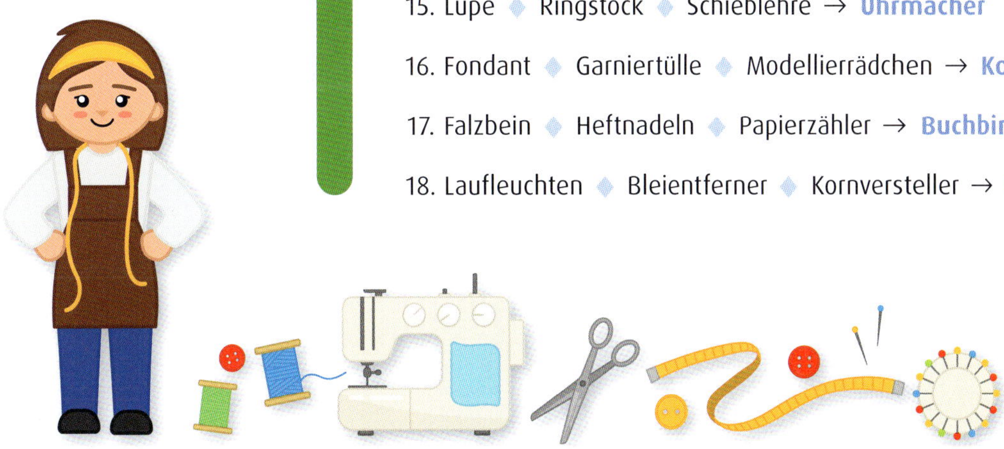

Vorlesen: Handwerkswitze

Der Tischlermeister Bauchwitz hat einen Lehrjungen, der alles verkehrt macht.
In seiner Wut wirft er einmal dem Lehrjungen den Hobel nach, trifft aber die eintretende Meisterin. Darauf sagt er: „Nu, ist auch gut!"

Ein Maurer trifft einen Kollegen auf der Straße und sagt zu ihm: „Mensch, wie kommt es nur, dass du so schlecht aussiehst, man meint ja, du wärst todkrank?" – „Ach", sagt der andere, „ich habe jetzt einen schweren Posten auf einem Neubau und da muss ich den ganzen Tag Steine tragen." – „Ja, ja", sagt der erstere, „man sieht dir doch wirklich die schwere Arbeit an. Wie lange machst du das denn schon?" Da sagt der andere: „Ich fange erst morgen an."

In einer größeren Stadt wohnt ein biederer Schustermeister, der hat eine Dreizimmerwohnung. Vorn ist die Werkstatt, in welcher er arbeitet, dann in der Mitte die Küche und hinten das bessere Stübchen. Die Zeiten sind schlecht. Da sagt der Schuster zu seiner Frau: „Wir wollen das Hinterstübchen vermieten." Er schreibt ein Plakat: „Hier ist ein möbliertes Hinterstübchen zu vermieten", beschmiert es auf der Rückseite mit Fliegenleim, geht hinaus und wäscht sich die Hände. Seine Frau ist kurzsichtig, kommt herein und setzt sich mit ihrem Niederlassungsorgan auf das Plakat. Darauf geht sie etwas einkaufen. Als sie über einen großen Platz kommt, geht ein Herr auf sie zu und sagt: „Pardon, gnädige Frau, ich habe soeben vernommen, Sie haben ein möbliertes Hinterstübchen zu vermieten." „Ja", sagt diese, „wolln Sie 's mal sehen?" „Nein, nein, ich danke", meint lächelnd der Herr, „ich bin unverheiratet, wie wäre es denn mit dem Vorderstübchen?" „Ja,", sagt die Frau, „das geht nicht, da arbeitet mein Mann drin."

Ein Maurer fällt von der vierten Etage herunter und in seiner Angst faltet er die Hände und spricht: „Ach, lieber Gott, beschütze mich, ich gebe meinen Geist in deine Hände." Wie er unten ankommt, fällt er auf einen Sandhaufen und steht unverletzt auf. Darauf blickt er zum Himmel und spricht: „Es ist gut, es hat sich erledigt."

Themenstunde „Dienstleistungen"

trainiert besonders

- Wortfindung/Wortschatz
- assoziatives und flexibles Denken
- Konzentration
- Wahrnehmen
- Urteilsfähigkeit
- Merkfähigkeit
- Fantasie/Kreativität
- Langzeitgedächtnis

Übungstyp trainiert besonders	**Übungen**	**Medien**	**Zielgruppen**
Einstieg in die Stunde WF, Assoziieren, LZG	**Gegenteil gesucht**	**Flipchart oder Tafel**	
Wortfindung/Wortschatz WF, FD, LZG	**Buchstaben-Chaos**	**Flipchart oder Tafel** **AB**	
Nachdenken/Überlegen UF, LZG	**Berufe raten**	**KV**	
Bewegung FD, Konzentrieren	**Bewegte Berufe**	**keine**	
Wortfindung/Wortschatz **Nachdenken/Überlegen** WF, Assoziieren, FD, LZG	**Unter- und Oberbegriffe gesucht**	**AB**	
Wahrnehmen **Konzentration** Wahrnehmung, Konzentrieren, Merkfähigkeit	**Memo-Spiel**	**Bildkarten**	
Fantasie/Kreativität Fantasie/Kreativität	**Berufe zeichnen**	**pro TN ein leeres Blatt und ein Stift**	
Abschluss der Stunde WF, LZG	**Wortspielereien**	**KV**	

Übung: Gegenteil gesucht

- Wortfindung
- assoziatives Denken
- Langzeitgedächtnis

Durchführung

Die Übung wird an einem **Flipchart** oder einer **Tafel** als mündliche Übung durchgeführt. Die GL schreibt hierzu die nachfolgenden Wörter untereinander an. Aufgabe der TN ist es, das Gegenteil des vorgegebenen Wortes zu nennen. Die Anfangsbuchstaben der gesuchten Lösungswörter ergeben, von oben nach unten gelesen, das Lösungswort: **Dienstleistungen.**

Vorgegebene Wörter	**Gegenteil**
dick	**dünn**
legal	**illegal**
falsch	**echt**
trocken	**nass**
leicht	**schwer**
billig	**teuer**
verheiratet	**ledig**
unaufrichtig	**ehrlich**
zurückhaltend	**impulsiv**
ernst	**spaßig**
faul	**tüchtig**
langweilig	**unterhaltsam**
gebraucht	**neu**
rau	**glatt**
ungenießbar	**essbar**
ruhig, gelassen	**nervös**

Hinweis
Sofern die TN andere Antworten geben, die zwar sinngemäß stimmen, jedoch nicht zum Lösungswort passen, muss nach weiteren Begriffen gesucht werden.

Anschluss: Gesprächsrunde

Die GL schließt die Übung mit einer kleinen Erzählrunde ab. Sie regt mit Fragen zum Gespräch an, wie z. B.:

- Welche Dienstleistungen haben Sie schon einmal in Anspruch genommen bzw. nehmen müssen?
- Hat sich das Dienstleistungsgewerbe Ihrer Meinung nach gegenüber früher geändert?

Übung: Buchstaben-Chaos

trainiert besonders

- Wortfindung
- flexibles Denken
- Langzeitgedächtnis

Durchführung

Alle TN erhalten ein **Arbeitsblatt** → Kopiervorlage, das nach vorgegebener Anleitung zu bearbeiten ist. Aufgabe ist es, die Buchstaben der geschüttelten Wörter in die richtige Reihenfolge zu bringen, damit sich eine sinnvolle Berufsbezeichnung ergibt. Gegebenenfalls kann die GL Hilfestellungen zu den Berufen geben, indem sie diese umschreibt.

Varianten

1. Die Übung wird an einem **Flipchart** oder einer **Tafel** durchgeführt und gemeinsam im Plenum gelöst.
   Hierzu kann die GL je nach Leistungsfähigkeit der TN eine Auswahl der vorgegebenen Berufe treffen und die Anfangsbuchstaben (ggf. auch die Endbuchstaben) der zu suchenden Wörter anschreiben. Für jeden Buchstaben des Wortes notiert sie einen Unterstrich als Platzhalter.

2. Die GL schreibt auf eine Seite des **Flipcharts** oder der **Tafel** die geschüttelten Wörter von 1 bis ... an, auf der gegenüberliegenden Seite in anderer Reihenfolge die Lösungswörter von a bis ... .
   Die TN nennen die Wörter, die zusammengehören.

1. Die Übung wird als Wettspiel durchgeführt. Die TN arbeiten dabei zu zweit. Die GL gibt eine Zeit von z. B. 15 Minuten vor. Das Paar bzw. Team, das am Ende der vorgegebenen Zeit die meisten Berufe gefunden hat, ist das Siegerteam.

2. Die GL bereitet Wortkarten vor. Auf einem Teil der Karten stehen die geschüttelten Wörter, auf dem anderen Teil die Lösungswörter. Die Karten werden, entsprechend der TN-Zahl, aufgeteilt. Aufgabe der TN ist es, sich als Paar zusammenzufinden.
   Durch diese Variante kommt etwas Bewegung mit ins Spiel.

Buchstaben-Chaos

Bringen Sie die Buchstaben in die richtige Reihenfolge. Gesucht sind Berufe rund um das Thema „Dienstleistungen“. Als Hilfestellung ist der Anfangsbuchstabe fett markiert.

1. CKTT**A**IEHR — ARCHITEKT
2. **E**RNHEIEZRI ________
3. GEL**S**OESRRE ________
4. MURTISAE**H**ES ________
5. EÄI**T**REORWT ________
6. HWHCÄCTETR**N**A ________
7. **I**KIMARNTOEFR ________
8. PHRZCHEU**S**TU ________
9. OI**B**EBILHNIKART ________
10. **S**EURHLNIPSAICE ________
11. BEELNH**G**RIURESTF ________
12. WNMRNEHUR**F**AEE ________
13. EEI**G**EERDBNGÄRUI ________
14. EFERRFGNEDI**P**PEL ________
15. BATKL**Z**ESENRÜUR ________
16. ATTES**D**ÄTSNNSIII ________
17. TGREELLNA**C**ATECN ________
18. ST**V**NROGEALERKIL ________
19. INNEUBUREEREN**K**TD ________
20. EYA**K**NASNTRGKNNIM ________

 ISBN 978-3-8346-4761-0 | www.verlagruhr.de

Buchstaben-Chaos

**Bringen Sie die Buchstaben in die richtige Reihenfolge.
Gesucht sind Berufe rund um das Thema „Dienstleistungen".
Als Hilfestellung ist der Anfangsbuchstabe fett markiert.**

1.	C K T T **A** I E H R	ARCHITEKT
2.	**E** R N H E I E Z R I	ERZIEHERIN
3.	G E L **S** O E S R R E	SEELSORGER
4.	M U R T I S A E **H** E S	HAUSMEISTER
5.	E Ä I **T** R E O R W T	TÄTOWIERER
6.	H W H C Ä C T E T R **N** A	NACHTWÄCHTER
7.	**I** K I M A R N T O E F R	INFORMATIKER
8.	P H R Z C H E U **S** T U	SCHUHPUTZER
9.	O I **B** E B I L H N I K A R T	BIBLIOTHEKARIN
10.	**S** E U R H L N I P S A I C E	SCHAUSPIELERIN
11.	B E E L N H **G** R I U R E S T F	GEBURTSHELFERIN
12.	W N M R N E H U R **F** A E E	FEUERWEHRMANN
13.	E E I **G** E E R D B N G Ä R U I	GEBÄUDEREINIGER
14.	E F E R R F G N E D I **P** P E L	PFERDEPFLEGERIN
15.	B A T K L **Z** E S E N R Ü U R	ZAUBERKÜNSTLER
16.	A T T E S **D** Ä T S N N S I I I	DIÄTASSISTENTIN
17.	T G R E E L L N A **C** A T E C N	CALLCENTERAGENT
18.	S T **V** N R O G E A L E R K I L	VERLAGSLEKTORIN
19.	I N N E U B U R E E R E N **K** T D	KUNDENBETREUERIN
20.	E Y A **K** N A S N T R G K N N I M	KRANKENGYMNASTIN

Übung: Berufe raten

trainiert besonders

- Urteilsfähigkeit
- Langzeitgedächtnis

Durchführung

Die GL liest den TN die nachfolgenden **Hinweise** → Kopiervorlage GL zu verschiedenen Dienstleistungsberufen vor. Aufgabe der TN ist es, den jeweiligen Beruf herauszufinden.

Varianten

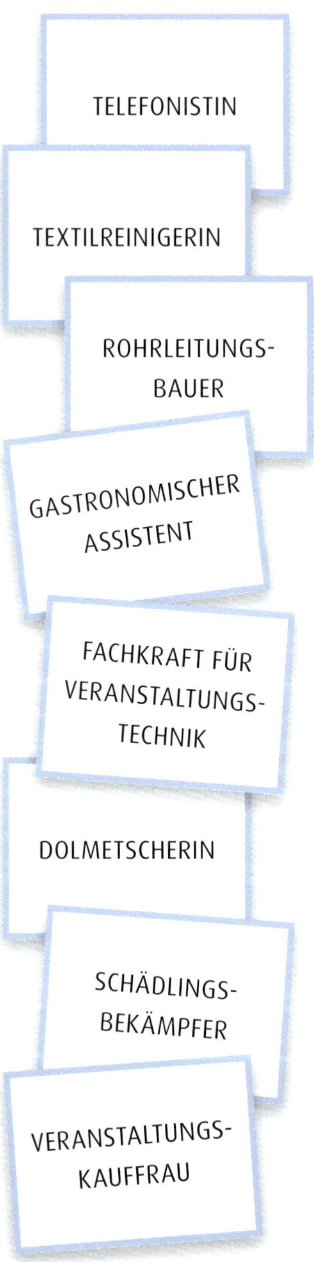

1. Die zu erratenden Berufe werden an einem **Flipchart** oder einer **Tafel** angeschrieben. Wurde der Beruf richtig erraten, wird er durchgestrichen. Hierbei sollten zwei bis drei Berufe mehr angeschrieben werden, damit auch beim letzten vorgelesenen Berufshinweis noch eine Auswahlmöglichkeit an Antworten besteht.

2. Die GL verteilt an die TN Karten, auf denen die Berufsbezeichnungen stehen. Der*die TN, der*die glaubt, anhand der vorgelesenen Informationen die Berufskarte zu haben, meldet sich und gibt die entsprechende Antwort.

3. Die GL führt die Übung als Zuordnungsübung durch. Hierzu werden die Informationskarten sowie die Berufskarten, entsprechend der Gruppenzahl, an die TN verteilt. Sie können zum Schutz vorher laminiert werden, sodass sie für andere Gruppen wiederverwendbar sind.
   Aufgabe jeder Gruppe ist es, die passenden Informations- und Berufskarten zuzuordnen. Die Auflösung erfolgt im Plenum.

Lösungen

1 f → Rohrleitungsbauer
2 d → Telefonistin
3 e → Gastronomischer Assistent
4 b → Veranstaltungskauffrau
5 h → Dolmetscherin
6 g → Fachkraft für Veranstaltungstechnik
7 a → Schädlingsbekämpfer
8 c → Textilreinigerin

Informationskarten: Berufe raten

1. Ich finde Beschäftigung in Tiefbauunternehmen sowie Betrieben der Energie- und Wasserversorgung. Dabei arbeite ich meistens auf Baustellen im Freien. Zu meinem Tätigkeitsbereich zählen die Herstellung von bestimmten Systemen für Wasser, Gas, Öl oder Fernwärme sowie deren Reparatur und Wartung.

2. Ich leite bestimmte Gespräche und Nachrichten weiter, gebe Informationen und vereinbare Termine. Zudem erledige ich viele Aufgaben am Computer. Sprachkenntnisse, wie z. B. Französisch und Englisch, können nützlich für meine Arbeit sein. Beschäftigung finde ich in Betrieben, Ämtern und Wirtschaftsunternehmen. Ich arbeite in speziellen Zentralen oder Abteilungen für ...kommunikation.

3. Mein Aufgabengebiet ist sehr vielfältig. U. a. zählen dazu: Ausgangsprodukte einkaufen, Angebote erstellen, Wareneinsatz berechnen, Preise kalkulieren, Tische dekorieren, Speisen zubereiten ... Beschäftigung finde ich u. a. in Restaurants, Hotels und Kantinen.

4. Ich entwickle u. a. je nach Zielgruppe Konzepte für Ausstellungen, Konzerte, Messen oder Kongresse. Zudem beobachte ich das aktuelle Marktgeschehen in diesen Bereichen, erstelle passende Konzepte und setze entsprechende Maßnahmen um. Mein Arbeitsbereich kann z. B. im Freien sein oder in Konzert- oder Messehallen.

5. Ich beherrsche mehrere Sprachen und gewährleiste die Verständigung der Menschen, die über unterschiedliche Muttersprachen verfügen. Meine Fähigkeiten sind beim Gericht, der Polizei oder auch bei Verhandlungen zwischen zwei Geschäftspartnern gefragt. Beschäftigung finde ich z. B. in Institutionen der EU oder bei Landes- und Bundesbehörden.

6. Ich benötige technisches Verständnis und handwerkliches Geschick. Zu meinen vielen Aufgaben gehören z. B. die Einrichtung von Messe-, Szenen- und Bühnenaufbauten, Ton- und Lichteinstellungen sowie elektrische Sicherheitsprüfungen. Beschäftigung finde ich u. a. in großen Urlaubshotels, auf Kreuzfahrtschiffen, in der Film- und Rundfunkbranche.

7. Ich muss in meinem Beruf alle Maßnahmen dokumentieren, ebenso die verwendeten Materialien und Stoffe. Darüber hinaus sind Beratung und Information über mögliche Gefahren oder Dauer der Anwendung sowie deren Wirkung unabdingbar. Ich arbeite entweder im Freien oder bei den Kunden zu Hause. Meine Maßnahmen schützen z. B. Menschen, Pflanzen, Vorräte oder Gebäude.

8. Ich muss nicht nur über Geschick bei der Wartung meiner Arbeitsmaschinen verfügen, ich benötige auch das notwendige technische Verständnis. Das, was ich pflege und bearbeite, bringen die Kunden oft mit unterschiedlichsten Verschmutzungen zu mir. Diesen Gegenständen kann ich trocken oder nass wieder zu Reinheit verhelfen. Auch Bügeln oder Dämpfen gehört zu meinem Tätigkeitsbereich. Ein Arbeitsort kann z. B. ein bestimmter Bereich im Krankenhaus sein.

Berufskarten: Berufe raten

a. SCHÄDLINGS-BEKÄMPFER	b. VERANSTALTUNGS-KAUFFRAU
c. TEXTILREINIGERIN	d. TELEFONISTIN
e. GASTRONOMISCHER ASSISTENT	f. ROHRLEITUNGS-BAUER
g. FACHKRAFT FÜR VERANSTALTUNGS-TECHNIK	h. DOLMETSCHERIN

Übung: Bewegte Berufe

- flexibles Denken
- Konzentrieren

Durchführung

Den Vokalen a, e, i, o, u werden Bewegungen zugeordnet.
Die Bewegungen können ggf. für die TN an ein **Flipchart** oder eine **Tafel** geschrieben werden.

Die Bewegungen können sowohl im Sitzen als auch im Stehen durchgeführt werden.

Mögliche Bewegungen zu den Vokalen

A → Fingerspitzen aneinanderlegen und die Hände in Brusthöhe halten
E → Hände vor der Brust überkreuzen
I → in die Hände klatschen
O → beide Arme vor dem Körper so halten, als würden die TN einen großen Ball umfassen
U → auf die Oberschenkel klatschen

Die Bewegungen werden nach und nach eingeübt und wiederholt. Sobald die TN die Bewegungen verinnerlicht haben, nennt die GL Berufe mit möglichst vielen Vokalen.

Die TN sprechen gemeinsam das vorgegebene Wort in Silben und führen gleichzeitig die Bewegungen zu den einzelnen Vokalen, die im Wort vorkommen, aus. Bei den Umlauten ä, ö, ü werden die Bewegungen zu ae, oe, ue durchgeführt.

Wortbeispiele

1. Bör-sen-mak-ler
2. Ein-rich-tungs-be-ra-ter
3. Flug-be-glei-ter
4. Gar-ten-bau-er
5. Hoch-zeits-pla-ner
6. Kin-der-mäd-chen
7. Or-ches-ter-wart
8. Pri-vat-do-zent
9. Rei-ni-gungs-kraft
10. Schorn-stein-fe-ger

Hinweis
Für demenziell veränderte TN muss die Übung an deren Fähigkeiten individuell angepasst werden.

Übung: Unter- und Oberbegriffe gesucht

- Wortfindung
- assoziatives Denken
- flexibles Denken
- Langzeitgedächtnis

Durchführung

Jede*r TN erhält ein **Arbeitsblatt** → Kopiervorlage, das nach vorgegebener Anleitung zu bearbeiten ist. Aufgabe der TN ist es, die vorgegebenen Unterbegriffe, bei denen die Vokale (a, e, i, o, u) und die Umlaute (ä, ö, ü) fehlen, herauszufinden.
Je nach Leistungsfähigkeit der TN kann die Übung als Einzel- oder Partnerübung durchgeführt werden. Die Auflösung erfolgt anschließend im Plenum.

Durchführung

Jede*r TN erhält ein **Arbeitsblatt** → Kopiervorlage, das nach vorgegebener Anleitung zu bearbeiten ist. Aufgabe der TN ist es, aus den 30 vorgegebenen Wörtern fünf auszuwählen, die zu einem Oberbegriff gehören. Dieser Oberbegriff muss benannt und die entsprechenden fünf Unterbegriffe zugeordnet werden. So wird zusätzlich das Erkennen von Zusammenhängen trainiert.
Die Übung kann als Einzel- oder Partnerübung durchgeführt werden.
Die Auflösung erfolgt anschließend im Plenum. Auch andere Zuordnungen als in der Lösung vorgesehen sind denkbar.

Anschluss: Gesprächsrunde

Die GL schließt die Übung mit einer kleinen Erzählrunde ab und regt mit Fragen zum Gespräch an, wie z. B.:

- Wenn Sie sich noch einmal für einen Beruf entscheiden müssten, welchen würden Sie dann wählen?
- Das Hotel- und Gaststättengewerbe hat immer mehr Probleme, geeignetes Personal zu finden. Wie könnte man dem entgegenwirken bzw. wie könnte man die Arbeit dort attraktiver machen?
- Es gibt viele Berufe, für die eine Dienstkleidung vorgeschrieben ist. Welche Berufe fallen Ihnen dazu ein? **(z. B. Polizist, Feuerwehrmann, Pilot, Stewardess, Bäcker, Schornsteinfeger ...)**

Unterbegriffe gesucht

Finden Sie heraus, welche Unterbegriffe gesucht sind. Setzen Sie hierzu die fehlenden Vokale (a, e, i, o, u) sowie Umlaute (ä, ö, ü) ein.

1. Tourismus und Freizeitwirtschaft

a. T o u r i sm u sk ___ ___ ffr ___ ___

b. F ___ chkr ___ ft B ___ ___ ___ ty ___ nd W ___ lln ___ ss

2. Schutz und Sicherheit

a. Sch ___ dl ___ ngsb ___ k ___ mpf ___ r

b. Sch ___ rnst ___ ___ nf ___ g ___ r

3. Sauberkeit und Hygiene

a. T ___ xt ___ lr ___ ___ n ___ g ___ r ___ n

b. Fl ___ ___ schk ___ ntr ___ ll ___ ___ r

4. Kosmetik und Körperpflege

a. M ___ sk ___ nb ___ ldn ___ r ___ n

b. m ___ d ___ z ___ n ___ sch ___ r B ___ d ___ m ___ ___ st ___ r

5. Berufe in Uniform

a. W ___ rkf ___ ___ ___ rw ___ hrm ___ nn

b. V ___ rk ___ hrsfl ___ gz ___ ___ gf ___ hr ___ r

6. Hotel- und Gaststättengewerbe

a. B ___ ___ k ___ ch

b. R ___ st ___ ___ r ___ ntf ___ chm ___ nn

Lösung

Unterbegriffe gesucht

Finden Sie heraus, welche Unterbegriffe gesucht sind. Setzen Sie hierzu die fehlenden Vokale (a, e, i, o, u) sowie Umlaute (ä, ö, ü) ein.

1. Tourismus und Freizeitwirtschaft

a. Tourismuskauffrau

b. Fachkraft Beauty und Wellness

2. Schutz und Sicherheit

a. Schädlingsbekämpfer

b. Schornsteinfeger

3. Sauberkeit und Hygiene

a. Textilreinigerin

b. Fleischkontrolleur

4. Kosmetik und Körperpflege

a. Maskenbildnerin

b. medizinischer Bademeister

5. Berufe in Uniform

a. Werkfeuerwehrmann

b. Verkehrsflugzeugführer

6. Hotel- und Gaststättengewerbe

a. Beikoch

b. Restaurantfachmann

Oberbegriffe gesucht

Suchen Sie aus den 30 Wörtern jeweils fünf aus, die zu einem Oberbegriff gehören. Benennen Sie die Oberbegriffe und ordnen Sie ihnen die passenden Unterbegriffe zu.

Schornsteinfeger ◆ Drogistin ◆ Friseurin ◆ Werkfeuerwehrmann ◆ ~~Fachkraft Beauty & Wellness~~ ◆ Koch ◆ Kosmetikerin ◆ Textilreinigerin ◆ Schädlingsbekämpfer ◆ Polizeivollzugsbeamter ◆ Restaurantfachmann ◆ ~~Tourismuskauffrau~~ ◆ Beikoch ◆ Straßenwärter ◆ Feldwebel ◆ Maskenbildnerin ◆ Gebäudereiniger ◆ Masseur ◆ Verkehrsflugzeugführer ◆ Fleischkontrolleur ◆ Gesundheitsaufseher ◆ ~~Sport- und Fitnesskaufmann~~ ◆ Fachkraft Gastgewerbe ◆ ~~Fachangestellter für Bäderbetriebe~~ ◆ Justizwachtmeister ◆ Fachkraft Hygieneüberwachung ◆ medizinischer Bademeister ◆ Zollbeamter ◆ ~~Servicekaufmann Luftverkehr~~ ◆ Assistent Hotelmanagement

1. Oberbegriff *Tourismus und Freizeitwirtschaft*

Fachkraft Beauty & Wellness, Tourismuskauffrau, Fachangestellter für Bäderbetriebe, Sport- und Fitnesskaufmann, Servicekaufmann Luftverkehr

2. Oberbegriff ____________________

____

____

3. Oberbegriff ____________________

____

____

4. Oberbegriff ____________________

____

____

5. Oberbegriff ____________________

____

____

6. Oberbegriff ____________________

____

____

Oberbegriffe gesucht

Suchen Sie aus den 30 Wörtern jeweils fünf aus, die zu einem Oberbegriff gehören. Benennen Sie die Oberbegriffe und ordnen Sie ihnen die passenden Unterbegriffe zu.

Schornsteinfeger ◆ Drogistin ◆ Friseurin ◆ Werkfeuerwehrmann ◆ ~~Fachkraft Beauty & Wellness~~ ◆ Koch ◆ Kosmetikerin ◆ Textilreinigerin ◆ Schädlingsbekämpfer ◆ Polizeivollzugsbeamter ◆ Restaurantfachmann ◆ ~~Tourismuskauffrau~~ ◆ Beikoch ◆ Straßenwärter ◆ Feldwebel ◆ Maskenbildnerin ◆ Gebäudereiniger ◆ Masseur ◆ Verkehrsflugzeugführer ◆ Fleischkontrolleur ◆ Gesundheitsaufseher ◆ ~~Sport- und Fitnesskaufmann~~ ◆ Fachkraft Gastgewerbe ◆ ~~Fachangestellter für Bäderbetriebe~~ ◆ Justizwachtmeister ◆ Fachkraft Hygieneüberwachung ◆ medizinischer Bademeister ◆ Zollbeamter ◆ ~~Servicekaufmann Luftverkehr~~ ◆ Assistent Hotelmanagement

1. Oberbegriff Tourismus und Freizeitwirtschaft

Fachkraft Beauty & Wellness – Tourismuskauffrau – Fachangestellter für Bäderbetriebe – Sport- und Fitnesskaufmann – Servicekaufmann Luftverkehr

2. Oberbegriff Schutz und Sicherheit

Schornsteinfeger – Schädlingsbekämpfer – Straßenwärter Gesundheitsaufseher – Justizwachtmeister

3. Oberbegriff Sauberkeit und Hygiene

Drogistin – Textilreinigerin – Gebäudereiniger – Fachkraft Hygieneüberwachung – Fleischkontrolleur

4. Oberbegriff Kosmetik und Körperpflege

Friseurin – Kosmetikerin – Maskenbildnerin – Masseur – medizinischer Bademeister

5. Oberbegriff Berufe in Uniform

Werkfeuerwehrmann – Polizeivollzugsbeamter – Feldwebel – Verkehrsflugzeugführer – Zollbeamter

6. Oberbegriff Hotel- und Gaststättengewerbe

Koch – Restaurantfachmann – Beikoch – Fachkraft Gastgewerbe – Assistent Hotelmanagement

Übung: Memo-Spiel

- Wahrnehmung
- Konzentrieren
- Merkfähigkeit

Vorbereitung

Die **Bildkarten** → Kopiervorlage GL werden für jede Kleingruppe je 2-mal kopiert, laminiert und ausgeschnitten.

Durchführung

Alle Kärtchen liegen mit der Bildseite nach unten auf dem Tisch. Die TN drehen im Wechsel je eine Karte um, die aufgedeckt bleibt. Findet ein*e TN zwei aufgedeckte Karten, die zusammengehören, darf er*sie sie nebeneinanderlegen und eine weitere Karte umdrehen. Wenn alle Paare richtig zugeordnet sind, endet das Spiel.

Dieses Spiel zeichnet sich dadurch aus, dass niemand gewinnt oder verliert, sondern die Bildzuordnung gemeinsam erfolgt.

Variante

Die TN spielen wieder in Kleingruppen. Alle Kärtchen werden gemischt und verdeckt auf dem Tisch ausgelegt. Ein*e TN deckt zwei Kärtchen auf. Wenn sie zusammenpassen, darf er*sie diese behalten. Wenn nicht, werden sie wieder umgedreht und der*die nächste TN ist an der Reihe. Wer am Ende die meisten Paare gesammelt hat, gewinnt.

Im Anschluss an die Übung überlegen die TN gemeinsam, zu welchen Dienstleistungen die Bildkarten gehören.
Dies trainiert zusätzlich das Formulieren und die Urteilsfähigkeit.

Lösung – Dienstleistungen

1. Abschleifen
2. Abschleppen von Fahrzeugen
3. Babysitting
4. Blumen ausliefern
5. Catering
6. Chauffeurdienste
7. Eichen (Kalibrieren)
8. Fotografieren
9. Glasblasen
10. Hobeln
11. Kartenlegen
12. Krankentransporte
13. Maniküre
14. Sägen
15. Straßenreinigung
16. Tätowieren
17. Wettervorhersagen
18. Zuschneiden von Stoffen

Bildkarten: Memo-Spiel

© Koldunov Alexey – Shutterstock.com

© napatta – Shutterstock.com

© Phovoir – Shutterstock.com

© Sean Locke Photography – Shutterstock.com

© Aleksandr Makarenko – Shutterstock.com

© zieusin – Shutterstock.com

Bildkarten: Memo-Spiel

7

© florin oprea – Shutterstock.com

8

© Africa Studio – Shutterstock.com

9

© Diyana Dimitrova – Shutterstock.com

10

© Petr Svoboda – Shutterstock.com

11

© Benjavisa Ruangvaree – Shutterstock.com

12

© nullplus – Shutterstock.com

Bildkarten: Memo-Spiel

Übung: Berufe zeichnen

- Fantasie und Kreativität

Vorbereitung

Für diese kreative Übung werden **pro TN ein leeres Blatt Papier und ein Stift** benötigt.
Die GL bereitet Wortkarten mit unterschiedlichen Berufen vor.

Beispiele

Bildhauer ◆ Fotograf ◆ Glasmaler ◆ Gymnastiklehrer ◆ Heilpraktiker ◆ Herrenschneider ◆ Kameramann ◆ Kirchenmusiker ◆ Marionettenspieler ◆ Siebdrucker ◆ Steinmetz …

Durchführung

Die Wortkarten mit den Berufen werden an die TN verteilt. Dabei sollte jede*r TN darauf achten, dass niemand anderes die Berufsbezeichnung lesen kann.
Aufgabe der TN ist es, den auf der Karte angegebenen Beruf bildhaft darzustellen. Dabei kommt es nicht auf eine besonders gute Zeichnung an, sondern auf die Fantasie und Kreativität.
Wenn alle TN fertig sind, werden die Bilder auf dem Tisch oder Boden für alle gut sichtbar ausgelegt. Gemeinsam überlegen die TN, welche Berufe bildhaft dargestellt wurden. Der*die TN, dessen*deren Bild erraten wird, gibt ggf. kleine Hilfestellungen bzw. Hinweise, sollte die Gruppe den Beruf anhand der Zeichnung nicht erraten können.

Variante

Die TN stellen ihren Beruf pantomimisch dar. Die Übung kann entweder als Einzel- oder Partnerübung durchgeführt werden.

Zum **Abschluss der Stunde** → Kopiervorlage GL suchen die TN zu den Buchstaben des Alphabetes nach **Tätigkeiten** sowie einer **imaginären Person,** die diese Tätigkeit an einem **bestimmten Ort** ausführt.

Beispiel

Anna archiviert Akten im **Archiv des Rathauses**.

Wortspielereien

Anton arbeitet als Altenpfleger in einer Allgäuer Seniorenresidenz.

Bernd braut Bier in der Brauerei.

Christine chartert ein Flugzeug nach Calais.

Dietmar drechselt an der Drechselbank.

Elisabeth erntet Erbsen im eigenen Einzelhochbeet.

Fritz fischt frische Fische im Fluss.

Gisela gräbt im Garten nach Gold.

Heinz hobelt sein Holz am Hochbeet.

Irene impft ihre Katze beim Internisten.

Josef jodelt im Jugendzimmer seines Sohnes Johannes.

Karin kocht Kürbissuppe an Omas altem Küchenherd.

Lothar locht sein Liederbuch während der Leiterwagenfahrt.

Marie marschiert mit Martin zum Matterhorn.

Nina näht neue Nachthemden für ihre Nichte in Nürnberg.

Otto ordnet seine Ordner im Oldenburger Museum.

Paula pflegt ihr Pferd im Pferdestall.

Rudolf rudert mit dem Ruderboot auf der Ruhr.

Silvia stopft alte Strümpfe mit Seidengarn am Schneidertisch.

Thomas telefoniert mit Kunden in der Telefonzentrale.

Uli muss seine Unterwäsche umtauschen, die er in Ulm gekauft hat.

Viktor verschraubt ein Vorhängeschloss an der Verbindungstür.

Wilma wäscht Wäsche in der neuen Waschküche.

Zacharias muss seine Zimmermannsschuhe vor der Zimmertür zubinden.

Themenstunde „Früher und heute“

trainiert besonders

- Wortfindung/Wortschatz
- assoziatives und flexibles Denken
- Konzentration
- Wahrnehmen
- Urteilsfähigkeit
- Merken und Erinnern
- Fantasie/Kreativität
- Langzeitgedächtnis

Übungstyp trainiert besonders	Übungen	Medien	Zielgruppen
Einstieg in die Stunde WF, Assoziieren, LZG	**„Berufliche“ Familiennamen**	**Flipchart oder Tafel**	
Wortfindung/Wortschatz WF, Konzentrieren, LZG	**Zwei Buchstaben zu viel**	**Flipchart oder Tafel** **AB**	
Wortfindung/Wortschatz WF, Fantasie/Kreativität	**Zusatzaufgabe: Zwei Buchstaben zu viel**	**Block und Stift**	
Nachdenken/Überlegen UF, LZG	**A, B oder C?**	**keine**	
Bewegung Merkfähigkeit, Konzentrieren	**Bewegter Gaukler**	**keine**	
Wortfindung/Wortschatz WF, LZG	**Reimen mit Fantasie**	**AB**	
Wahrnehmen **Konzentration** Wahrnehmung, Konzentrieren, Merkfähigkeit, UF	**Kim-Spiel**	**unterschiedliche Gegenstände, Papier und Stift**	
Wortfindung/Wortschatz FD, Konzentrieren	**Silbenspiel**	**Flipchart oder Tafel**	
Abschluss der Stunde WF, LZG	**Mitmachreime**	**KV**	

Übung: „Berufliche“ Familiennamen

trainiert besonders

- Wortfindung
- assoziatives Denken
- Langzeitgedächtnis

Durchführung

Die TN sollen nach Familiennamen suchen, die gleichzeitig einen Beruf bezeichnen.
Die Antworten werden an ein **Flipchart** oder eine **Tafel** angeschrieben.

Hinweis
Zu einigen Familiennamen finden Sie Erklärungen ihrer Bedeutung.
Die übrigen sind vom Namen her abzuleiten bzw. selbsterklärend.

Beispiele

Ackermann	→ **für einen Grundherrn ackernder Bauer**
Baumann	→ **Bauer**
Baumeister	→ **Gutsverwalter, Großknecht**
Beck, Becker	
Decker	→ **Dachdecker**
Dräger	→ **Lastträger**
Drescher	
Finger	→ **Goldschmied**
Fischer	
Forster	→ **Förster**
Gläsener	→ **Glaser oder Glashändler**
Guldner	→ **Vergolder**
Hauptmann	→ **hoher Verwaltungsbeamter**
Holzhauer	→ **Waldarbeiter**
Jager, Jäger	
Keller	→ **Kellermeister**
Kepler, Keppler	→ **Kappenmacher**
Köhler	
Maier, Meier ...	→ **Oberbauer, Beauftragter zur Bewirtschaftung des Gutshofs**
Müller	
Nadler	→ **Nadelhändler- oder hersteller**
Nagel	→ **Nagelschmied**
Nestler	→ **Lieferant für Mieder, Hauben oder Lederschnüre**
Schiffmann	→ **Schiffer**
Schmidt	→ **Schmied**
Schneider	

Übung: „Berufliche" Familiennamen

Schreiner
Schuster, Schumacher
Tauber → Taubenhändler- oder züchter
Wagner → Wagenmacher
Weber
Zapf → Schankwirt/Zapfner
Ziegler → Ziegelbrenner

Anschließend können die TN überlegen, welche bekannten Personen sich mit den gefundenen Familiennamen assoziieren lassen.

Beispiele

Ackermann, Georg → ehemaliger Leichtathlet
Baumeister, Muriel → Schauspielerin
Becker, Boris → ehemaliger Tennisspieler
Fischer, Helene → Sängerin
Hauptmann, Niklas → Fußballspieler
Kepler, Johannes → Astronom, Physiker
Köhler, Horst → ehemaliger Bundespräsident
Maier, Sepp → ehemaliger Fußballtorhüter
Müller, Gerd → ehemaliger Fußballspieler
Schmidt, Helmut → ehemaliger Bundeskanzler
Schumacher, Michael → ehemaliger Formel-1-Rennfahrer und -Weltmeister
Tauber, Richard → österreichischer Opernsänger
Wagner, Richard → Komponist, aber auch Schauspieler
Weber, Carl Maria → Schriftsteller

Anschluss: Gesprächsrunde

Die GL schließt die Übung mit einer kleinen Erzählrunde ab. Sie regt mit Fragen zum Gespräch an, wie z. B.:

- Viele Berufe, die es früher gab, sind heute ausgestorben bzw. gibt es nicht mehr. Glauben Sie, dass sich dies auch in Zukunft so weiterentwickeln wird?
- Kennen Sie eine oder gar mehrere Personen, die einen Beruf ausgeübt haben, den es heute nicht mehr gibt? Was hat die betroffene Person aus ihrem Berufsleben erzählt?
- Mit dem Wegfall alter Berufe geht auch die damit verbundene Tradition verloren. Sehen Sie Möglichkeiten, dem entgegenzuwirken? (z. B. Handwerkermuseum, Bildbände ...)

Übung: Zwei Buchstaben zu viel

trainiert besonders

- Wortfindung
- Konzentrieren
- Langzeitgedächtnis

Durchführung

Die GL schreibt nachfolgende Berufe an ein **Flipchart** oder eine **Tafel.** In jedes Wort haben sich zwei Buchstaben hineingeschlichen, die dort nicht hingehören. Aufgabe der TN ist es, die falschen Buchstaben herauszufinden und den Beruf zu benennen.

Die GL streicht die genannten Buchstaben durch und schreibt sie neben dem vorgegebenen Begriff auf. Anschließend suchen die TN ein beliebiges Wort, das mit den Buchstaben beginnt und endet.

Beispiel

GAU**S**KLER**T** → GAUKLER → **S** ________ **T** → mögliches neues Wort: **SALAT**

1. MA**L**G**E**D → MAGD → **L** + **E** = **Liebe, Lage, Lilie ...**
2. **H**AMME**R** → AMME → **H** + **R** = **Herr, Hafer, Hocker ...**
3. KÜ**N**FER**T** → KÜFER → **N** + **T** = **Not, Nest, Naht ...**
4. GER**D**BER**L** → GERBER → **D** + **L** = **Dill, Dattel, Dübel ...**
5. KÖH**S**LER**M** → KÖHLER → **S** + **M** = **Sturm, Strom, Stamm ...**
6. S**T**A**R**TTLER → SATTLER → **T** + **R** = **Tor, Tür, Tenor ...**
7. **M**ADVOK**R**AT → ADVOKAT → **M** + **R** = **Marmor, Meter, Mieter ...**
8. B**R**ÖTT**S**CHER → BÖTTCHER → **R** + **S** = **Reis, Rebus, Radius ...**
9. WÄ**M**SCH**L**ERIN → WÄSCHERIN → **M** + **L** = **Mistel, Mosel, Murmel ...**
10. M**E**ILCHMAN**O**N → MILCHMANN → **E** + **O** = **Ebro, Embryo, Eldorado ...**

Hinweis

Passen Sie die Übung der Leistungsfähigkeit demenziell veränderter TN an. Fügen Sie evtl. nur einen falschen Buchstaben in die Wörter ein oder geben Sie Hinweise zum gesuchten Beruf.

Durchführung

Jede*r TN erhält ein **Arbeitsblatt** → Kopiervorlage, das nach vorgegebener Anleitung zu bearbeiten ist. Aufgabe der TN ist es, die falschen Buchstaben durchzustreichen und den richtigen Beruf zu notieren.

Zwei Buchstaben zu viel

Bei den folgenden Berufen haben sich immer zwei Buchstaben hineingeschlichen, die so nicht dazugehören. Streichen Sie diese Buchstaben durch und schreiben Sie den richtigen Beruf auf.

Beispiel: **S~~P~~ATT~~Z~~LER**

Lösung: richtiger Beruf = **SATTLER** → zu viel sind „P" und „Z"

Berufe früher:

1. KÖZHKLER ____________
2. BLÖTTKCHER ____________
3. MAUSRAUFER ____________
4. GRADMARCHER ____________
5. MEILCHMARNN ____________
6. TELERFONEISTIN ____________
7. RASTTENFLÄNGER ____________
8. KAMKMERZOFSE ____________
9. PFANBNENFLHICKER ____________
10. BESDENBINDFER ____________

Berufe heute:

1. BRICHTDER ____________
2. SCHORFEINER ____________
3. GÄRBTNEHRIN ____________
4. ZAHMNARPZT ____________
5. KLAMMERJÄCGER ____________
6. MECHDATROPNIKER ____________
7. ZIMFMERMANWN ____________
8. DALTENPFLEJGERIN ____________
9. GRAMFIKDENSIGNER ____________
10. KRANKELNSCHWEBSTER ____________

Zwei Buchstaben zu viel

Bei den folgenden Berufen haben sich immer zwei Buchstaben hineingeschlichen, die so nicht dazugehören. Streichen Sie diese Buchstaben durch und schreiben Sie den richtigen Beruf auf.

Beispiel: **S~~P~~ATT~~Z~~LER**
Lösung: **richtiger Beruf = SATTLER → zu viel sind „P" und „Z"**

Berufe früher:

1.	KÖ~~Z~~H~~K~~LER	KÖHLER
2.	B~~L~~ÖTT~~K~~CHER	BÖTTCHER
3.	~~M~~AUSR~~A~~UFER	AUSRUFER
4.	~~G~~RADMA~~R~~CHER	RADMACHER
5.	M~~E~~ILCHMA~~R~~NN	MILCHMANN
6.	TELE~~R~~FONE~~E~~ISTIN	TELEFONISTIN
7.	RA~~S~~TTENF~~L~~ÄNGER	RATTENFÄNGER
8.	KAM~~K~~MERZOF~~S~~E	KAMMERZOFE
9.	PFAN~~B~~NENFL~~H~~ICKER	PFANNENFLICKER
10.	BES~~D~~ENBIND~~F~~ER	BESENBINDER

Berufe heute:

1.	~~B~~RICHT~~D~~ER	RICHTER
2.	SCH~~O~~R~~F~~EINER	SCHREINER
3.	GÄR~~B~~TNE~~H~~RIN	GÄRTNERIN
4.	ZAH~~M~~NAR~~P~~ZT	ZAHNARZT
5.	K~~L~~AMMERJÄ~~C~~GER	KAMMERJÄGER
6.	MECH~~D~~ATRO~~P~~NIKER	MECHATRONIKER
7.	ZIM~~F~~MERMAN~~W~~N	ZIMMERMANN
8.	~~D~~ALTENPFLE~~J~~GERIN	ALTENPFLEGERIN
9.	GRA~~M~~FIKDE~~N~~SIGNER	GRAFIKDESIGNER
10.	KRANKE~~L~~NSCHWE~~B~~STER	KRANKENSCHWESTER

Zusatzaufgabe: Zwei Buchstaben zu viel

trainiert besonders

- Wortfindung
- Fantasie und Kreativität

Durchführung

Für diese Zusatzaufgabe benötigen die TN einen **Block** und einen **Stift.** Aufgabe der TN ist es, mit den zwei falschen Buchstaben der vorherigen Übung entweder einen Begriff zu bilden, der etwas mit dem Beruf zu tun haben könnte, oder neue Berufe zu erfinden.

Beim Erfinden neuer Berufe sind der Fantasie und Kreativität keine Grenzen gesetzt.

Lassen Sie die TN besonders fantasievoll erfundene Berufe erklären, das trainiert zusätzlich das Formulieren.

Hinweis

Die falschen Buchstaben sollen in der Reihenfolge, in der sie falsch eingefügt sind, verwendet werden. Wo die Buchstaben im neuen Wort vorkommen, spielt dabei keine Rolle.

Beispiele

Köhler	= Z + K	Holzkohle	Festzeltkünstler
Böttcher	= L + K	Holzkübel	Lakritzschneckenformer
Ausrufer	= M + A	Megafon	Leimfabrikant
Radmacher	= G + R	Wagenrad	Schornsteinfeger
Milchmann	= E + R	Eimer	Eseldressurreiter
Telefonistin	= R + E	Rufnummer	Braumeister
Rattenfänger	= S + L	Schädlinge	Silberbesteckpolierer
Kammerzofe	= K + S	Kleiderständer	Kartensammler
Pfannenflicker	= B + H	Bruchstelle	Bratheringsfabrikant
Besenbinder	= D + F	Handfeger	Rundwegführer
Richter	= B + D	Banditen	Blasorchesterdirigent
Schreiner	= O + F	Holzfaserplatte	Orgelpfeifenreiniger
Gärtnerin	= B + H	Baumschere	Bruchsteinhändler
Zahnarzt	= M + P	Mundspülung	Lampenputzer
Kammerjäger	= L + C	Giftflaschen	Lachsfänger
Mechatroniker	= D + P	Datenprüfung	Dachpappenkleber
Zimmermann	= F + W	Fachwerk	Kofferwärter
Altenpflegerin	= D + J	Dienstjacke	Drachenjäger
Grafikdesigner	= M + N	Medien	Marmeladenbrottester
Krankenschwester	= L + B	Fallbesprechung	Lochblechhändler

TIPP: Sie können diese Zusatzübung auch als eigenständige Übung durchführen oder als Lustaufgabe für die nächste Stunde lösen lassen.

Übung: A, B oder C?

trainiert besonders

- Urteilsfähigkeit
- Langzeitgedächtnis

Durchführung

Bei dieser mündlichen Übung nennt die GL alte Berufsbezeichnungen und gibt drei mögliche Antworten zur Auswahl vor. Die TN sollen entscheiden, welche Antwort die richtige ist.

Hinweis
Alternativ können Sie die TN auch eigene Lösungen suchen lassen.

Welcher Beruf verbirgt sich hinter den genannten Berufsbezeichnungen?

1. Quetscher
a. Anisölbrenner
b. Münzpräger
c. Zuckerrohrschneider

2. Schacherer
a. Hausierer
b. Schachtbauer
c. Schachcomputerentwickler

3. Putzmacher
a. Putzhersteller
b. Verputzer
c. Modist

4. Parlier
a. Polier
b. Vorredner
c. Paradeoffizier

5. Beutner
a. Geldeintreiber
b. Beutelhersteller
c. Imker

6. Heinzler
a. Chauffeur
b. Fuhrmann
c. Heizkesselflicker

7. PIN-Aufsteller
a. Kegelaufsteller
b. Pinnwand-Aufsteller
c. PIN-Nummer-Ordner

8. Faber
a. Färber
b. Fabelschreiber
c. Schmied

Übung: Bewegter Gaukler

trainiert besonders

- Merkfähigkeit
- Konzentrieren

Durchführung

Bei dieser Übung werden die Buchstaben des Wortes „Gaukler“ gedanklich mit festgelegten Körperteilen und einer dazugehörigen Bewegung verbunden. Diese sollen sich die TN merken.
Die GL übt nacheinander zu jedem Körperteil den Buchstaben und die dazugehörige Bewegung im Stehen oder Sitzen mit den TN ein, bis diese verinnerlicht wurden.

Beispiele

	Körperteil	Bewegung
G	**Kopf**	mit den Händen überkreuz an die Ohren fassen
A	**linker Arm**	mit der rechten Hand an den linken Arm fassen
U	**rechter Arm**	mit der linken Hand an den rechten Arm fassen
K	**linke Hüfte**	mit der rechten Hand an die linke Hüfte fassen
L	**rechte Hüfte**	mit der linken Hand an die rechte Hüfte fassen
E	**linkes Knie**	mit der rechten Hand auf das linke Knie klopfen
R	**rechtes Knie**	mit der linken Hand auf das rechte Knie klopfen

Die GL nennt ein Wort, das sich aus den Buchstaben des Wortes „Gaukler“ bilden lässt. Hierbei müssen nicht alle Buchstaben verwendet werden. Aufgabe der TN ist es, nach der Buchstabenfolge des vorgegebenen Wortes die dazugehörigen Bewegungen durchzuführen.

Mögliche Wörter

- **drei Buchstaben** → rau ◆ gar ◆ Kur ◆ Gau
- **vier Buchstaben** → grau ◆ Luke ◆ Karl ◆ Gera
- **fünf Buchstaben** → Lauge ◆ Lager ◆ Klaue ◆ Rauke

Übung: Reimen mit Fantasie

- Wortfindung
- Langzeitgedächtnis

Durchführung

Die GL liest die nachfolgenden Sätze vor, die TN ergänzen das fehlende Reimwort. Die zu ergänzenden Reimwörter sind zur schnelleren Erkennbarkeit farbig hervorgehoben.

Beispiele

1. Kein Bauer ohne	**Feld,**	kein Einkauf ohne	**Geld.**
2. Kein Schreiner ohne	**Hobel,**	kein Eichhörnchen ohne	**Kobel.**
3. Kein Sattler ohne	**Leder,**	kein Vogel ohne	**Feder.**
4. Kein Köhler ohne	**Holz,**	kein Mensch ohne	**Stolz.**
5. Kein Metzger ohne	**Wurst,**	kein Lebewesen ohne	**Durst.**
6. Kein Friseur ohne	**Kamm,**	kein Schaf ohne	**Lamm.**
7. Kein Elektriker ohne	**Kabel,**	kein Kain ohne	**Abel.**
8. Kein Richter ohne	**Hammer,**	keine Vogelwelt ohne	**Ammer.**
9. Kein Schmied ohne	**Feuer,**	kein Matrose ohne	**Heuer.**
10. Kein Förster ohne	**Wald,**	keine Busfahrt ohne	**Halt.**
11. Kein Gärtner ohne	**Pflanze,**	kein Ritter ohne	**Lanze.**
12. Kein Imker ohne	**Bienen,**	keine Eisenbahn ohne	**Schienen.**
13. Kein Winzer ohne	**Reben,**	kein Stoff ohne	**Weben.**
14. Kein Schuster ohne	**Ahle,**	kein Meer ohne	**Wale.**
15. Kein Kammerjäger ohne	**Gift,**	kein Hotel ohne	**Lift.**

Durchführung

Jede*r TN erhält ein **Arbeitsblatt** → **Kopiervorlage**, das nach vorgegebener Anleitung zu lösen ist. Aufgabe der TN ist es, den zweiten Teil des Reimrätsels zu ergänzen.

Hinweis
Da es sich um eine Fantasieübung handelt, können auch andere Lösungen richtig sein als die, die vorgegeben sind.

Kopiervorlage

Reimen mit Fantasie

Ergänzen Sie den zweiten Teil mit einem passenden Reim.

1. Kein Bauer ohne	**Feld,**	kein~~(e)~~ Einkauf ohne Geld.
2. Kein Schreiner ohne	**Hobel,**	kein(e) ______ .
3. Kein Sattler ohne	**Leder,**	kein(e) ______ .
4. Kein Köhler ohne	**Holz,**	kein(e) ______ .
5. Kein Metzger ohne	**Wurst,**	kein(e) ______ .
6. Kein Friseur ohne	**Kamm,**	kein(e) ______ .
7. Kein Elektriker ohne	**Kabel,**	kein(e) ______ .
8. Kein Richter ohne	**Hammer,**	kein(e) ______ .
9. Kein Schmied ohne	**Feuer,**	kein(e) ______ .
10. Kein Förster ohne	**Wald,**	kein(e) ______ .
11. Kein Gärtner ohne	**Pflanze,**	kein(e) ______ .
12. Kein Imker ohne	**Bienen,**	kein(e) ______ .
13. Kein Winzer ohne	**Reben,**	kein(e) ______ .
14. Kein Schuster ohne	**Ahle,**	kein(e) ______ .
15. Kein Kammerjäger ohne	**Gift,**	kein(e) ______ .
16. Kein Maurer ohne	**Kelle,**	kein(e) ______ .
17. Kein Seiler ohne	**Flachs,**	kein(e) ______ .
18. Kein Koch ohne	**Herd,**	kein(e) ______ .
19. Kein Böttcher ohne	**Fass,**	kein(e) ______ .
20. Kein Glaser ohne	**Scheibe,**	kein(e) ______ .

Lösung

Reimen mit Fantasie

Ergänzen Sie den zweiten Teil mit einem passenden Reim.

1. Kein Bauer ohne	**Feld,**	kein Einkauf ohne **Geld.**
2. Kein Schreiner ohne	**Hobel,**	kein Eichhörnchen ohne **Kobel.**
3. Kein Sattler ohne	**Leder,**	kein Vogel ohne **Feder.**
4. Kein Köhler ohne	**Holz,**	kein Mensch ohne **Stolz.**
5. Kein Metzger ohne	**Wurst,**	kein Lebewesen ohne **Durst.**
6. Kein Friseur ohne	**Kamm,**	kein Schaf ohne **Lamm.**
7. Kein Elektriker ohne	**Kabel,**	kein Kain ohne **Abel.**
8. Kein Richter ohne	**Hammer,**	keine Vogelwelt ohne **Ammer.**
9. Kein Schmied ohne	**Feuer,**	kein Matrose ohne **Heuer.**
10. Kein Förster ohne	**Wald,**	keine Busfahrt ohne **Halt.**
11. Kein Gärtner ohne	**Pflanze,**	kein Ritter ohne **Lanze.**
12. Kein Imker ohne	**Bienen,**	keine Eisenbahn ohne **Schienen.**
13. Kein Winzer ohne	**Reben,**	kein Stoff ohne **Weben.**
14. Kein Schuster ohne	**Ahle,**	kein Meer ohne **Wale.**
15. Kein Kammerjäger ohne	**Gift,**	kein Hotel ohne **Lift.**
16. Kein Maurer ohne	**Kelle,**	keine Wurst ohne **Pelle.**
17. Kein Seiler ohne	**Flachs,**	keine Kerze ohne **Wachs.**
18. Kein Koch ohne	**Herd,**	kein Dragoner ohne **Pferd.**
19. Kein Böttcher ohne	**Fass,**	kein Regen ohne **Nass.**
20. Kein Glaser ohne	**Scheibe,**	keine Küche ohne **Reibe.**

Übung: Kim-Spiel

trainiert besonders

- Wahrnehmung
- Konzentrieren
- Merkfähigkeit
- Urteilsfähigkeit

Vorbereitung

Für dieses Spiel werden **unterschiedliche Gegenstände** zum Thema „Berufe früher und heute" benötigt, wie z. B.:

- Kochlöffel (Koch)
- Stück Leder (Schuster)
- Pflanze (Gärtner)
- Glühbirne (Elektriker)
- Buch (Buchhändler)
- Kerze (Kerzenzieher)
- Korken (Winzer)
- Honigglas (Imker)
- Stück Holz (Köhler)
- Bierglas (Wirt)
- Waschpulver (Wäscherin)
- Wandkachel (Fliesenleger)
- ...

Zum Notieren der Ergebnisse benötigt jede*r TN zusätzlich ein **Blatt Papier** und einen **Stift.**

Durchführung

Die GL legt – je nach Leistungsfähigkeit der TN – verschiedene Gegenstände auf dem Tisch oder dem Boden aus. Die Gegenstände werden gemeinsam angeschaut und besprochen. Die TN bekommen ausreichend Zeit zum Betrachten. Anschließend werden die Gegenstände mit einem Tuch abgedeckt und die TN überlegen gemeinsam, was sich darunter befindet.

Hinweis
Lassen Sie die TN die Gegenstände befühlen und regen Sie damit zum Gespräch an.

Durchführung

Benötigt werden **ein Stift** und **ein Block** pro TN. Die Gegenstände werden auf dem Tisch oder Boden ausgelegt. Die GL bittet die TN, diese genau zu betrachten und sich einzuprägen. Wenn die TN der Meinung sind, sich alle Gegenstände eingeprägt zu haben, werden sie mit einem Tuch abgedeckt.
Anschließend führt die GL ein kleines Wortspiel, z. B. „Berufe nach dem Abc" benennen lassen, durch. Erst dann schreiben alle TN auf, an welche Gegenstände sie sich noch erinnern und für welchen Beruf sie bestimmt sind.

Übung: Silbenspiel

trainiert besonders

- flexibles Denken
- Konzentrieren

Durchführung

Bei dieser mündlichen Übung sollen die TN Berufe von früher und heute mit unterschiedlicher Silbenzahl nennen. Passen Sie dabei die Anzahl der zu suchenden Silbenwörter der Leistungsfähigkeit Ihrer TN an.
Die Antworten werden an einem **Flipchart** oder einer **Tafel** mitgeschrieben.

Beispiele

1 Silbe	Koch ◆ Wirt ◆ Arzt ...
2 Silben	Weber ◆ Bergmann ◆ Sattler ...
3 Silben	Buchbinder ◆ Goldschmiedin ◆ Radmacher ...
4 Silben	Kammerzofe ◆ Besenbinder ◆ Podologin ...
5 Silben	Kosmetikerin ◆ Ergotherapeut ◆ Telefonistin ...
6 Silben	Werkzeugmechaniker ◆ Versicherungskauffrau ◆ Fliesenlegermeister ...
7 Silben	Notfallsanitäterin ◆ Immobilienmakler ◆ Altenpflegehelferin ...

Varianten

1. Die TN ordnen die gefundenen Berufe in alphabetischer Reihenfolge.
2. Die GL schreibt die oben genannten Beispiel-Berufe kreuz und quer an ein **Flipchart** oder eine **Tafel** an. Anschließend nennt sie eine Silbenzahl und die TN nennen reihum einen passenden Beruf. Der genannte Beruf wird durchgestrichen und darf nicht mehr verwendet werden.
3. Die GL schreibt jeweils einen der vorgegebenen Berufe als Silben kreuz und quer an ein **Flipchart** oder eine **Tafel** an. Aufgabe der TN ist es, die Silben so zu ordnen, dass sich die passenden Berufsbezeichnungen ergeben.
4. Die GL bereitet Wortkärtchen mit der entsprechenden Silbenzahl eines Berufes vor und verteilt diese an die TN. Aufgabe der TN ist es, sich als „Berufsgruppe“ zusammenzufinden.

Zum **Abschluss der Stunde** liest die GL den TN die nachfolgenden **Mitmachreime** → Kopiervorlage GL vor. Aufgabe der TN ist es, das passende Reimwort in der zweiten Zeile am Ende zu ergänzen. Zum schnelleren Erkennen ist das zu ergänzende Reimwort farbig hervorgehoben.

Mitmachreime

1. Der Schreiner arbeitet mit Holz,
betrachtet den fertigen Schrank mit **Stolz.**

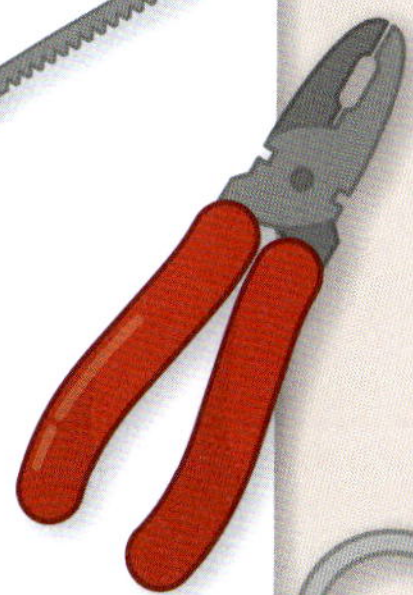

2. Der Bauer pflügt auf seinem Feld,
bekommt für seine Mühen wenig **Geld.**

3. Der Klempner dreht mit seiner Zange
ganz fest das Rohr, da wird mir **bange.**

4. Die Polizei kommt mit Blaulicht angerast,
doch der Dieb hat die Beute längst **abgegrast.**

5. Der Bäcker backt leckeres Brot,
verwendet dafür Wasser und **Getreideschrot.**

6. Der Koch steht am Herd mit seiner Schürze,
leider fehlt seinem Essen noch die **Würze.**

7. Der Winzer keltert seinen Wein,
die Rebstöcke hat er stehen am **Rhein.**

8. Der Schauspieler steigt hinauf die Karriereleiter,
er hofft, sein Erfolg geht immer so **weiter.**

9. Der Gärtner seine Pflanzen fleißig gießt,
damit es in seinem Garten schön blüht und **sprießt.**

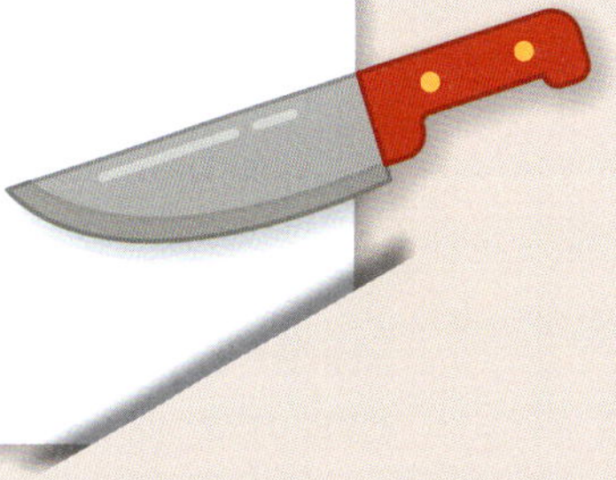

10. Der Fleischer wetzt sein großes Messer,
dann schneidet er das Fleisch viel **besser.**

Themenhefte Gedächtnistraining mit Senior*innen

Frühling
ISBN 978-3-8346-3764-2

Sommer
ISBN 978-3-8346-3765-9

Herbst
ISBN 978-3-8346-3872-4

Winter
ISBN 978-3-8346-3873-1

Advent
ISBN 978-3-8346-4130-4

Essen und Trinken
ISBN 978-3-8346-4264-6

Städte und Länder
ISBN 978-3-8346-4269-1

Tiere und Natur
ISBN 978-3-8346-4386-5

Berufe
ISBN 978-3-8346-4761-0